AI 시대 질문의 기술

인공지능총서

인공지능 시대입니다. 기계가 인간의 인지를 대신하고, 사물이 인간을 통하지 않고 다른 사물과 직접 커뮤니케이션합니다. 이에 따른 인간 삶과 문명 변화를 정확히 이해·예측·대응하는 것은 이 시대 우리 모두의 과제입니다. 인공지능총서는 인공지능 기술과 환경의 여러 주제를 10가지 키워드로 정리합니다. 관련 개념과 이론, 학계와 산업계의 쟁점, 우리 일상의 변화를 다룹니다. 인간과 기술의 현재, 미래를 세심히 분석합니다.

일러두기

- 인명, 작품명, 저서명, 개념어 등은 한글과 함께 괄호 안에 해당 국가의 원어를 병기했습니다.
- 외래어 표기는 현행 어문규정의 외래어표기법을 따랐습니다.

처음이세요?

전문가세요?

AI 시대 질문의 기술

김은성·이상협

대한민국, 서울, 커뮤니케이션북스, 2024

AI 시대 질문의 기술

지은이 김은성 · 이상협
펴낸이 박영률

초판 1쇄 펴낸날 2024년 11월 20일

커뮤니케이션북스(주)
출판 등록 2007년 8월 17일 제313-2007-000166호
02880 서울시 성북구 성북로 5-11
전화(02) 7474 001, 팩스(02) 736 5047
commbooks@commbooks.com
www.commbooks.com

ISBN 979-11-288-6868-9 03500

책값은 뒤표지에 표시되어 있습니다.

차례

AI 시대, 왜 질문인가?

우리는 질문을 통해 성장하고 발전해 왔다. 특히 생성형 AI 시대에 들어서며 질문의 중요성이 더 강조되고 있지만 심층적인 논의는 이루어지지 않고 있다. 초기 AI시대는 명령의 시대였다면, 생성형 AI가 나온 지금은 질문의 시대로 규정할 수 있다. 생성형 AI를 잘 활용하기 위해서는 질문이 중요하다는 사실을 많은 전문가들이 강조하고 있다. 이 책에서는 질문의 역사로 시작해 AI 시대 질문을 잘하기 위한 방법을 알아본다. 인간관계처럼 AI와의 관계를 위해 소통이 중요하다는 점을 강조하며 이를 위한 다양한 해법을 제시할 것이다. AI는 사람과 같은 방식으로 성장하고 있으며, 대인관계 능력의 핵심이라 할 수 있는 '질문'은 곧 AI와 협업하는 능력과 치환될 수 있다. 생성 AI 개발자들이 입을 모아 AI와 협업하기 위해선 인간의 질문 기술이 중요하다고 강조했다. 우리 인류는 질문을 통해 성장해 왔지만, 역설적으로 제대로 된 질문법을 배우지 못한 경우가 많다. 휴먼 커뮤니케이션의 핵심이자 AI 시대 소통의 중심에 있는 질문의 기술에 대해 알아보고자 한다.

생성 AI인 챗GPT에게 개인적으로 궁금한 질문 두 가지를 던졌다. 첫 번째로 인류 최고의 질문이 무엇인지 물어봤는데 대답은 "의미 있는 삶이란 무엇인가?"였다. 두 번째 질문은 역사적 인물 중 만나고 싶은 사람이 누군인지였는데, 챗GPT의 답은 '레오나르도 다빈치(Leonardo da Vinci)'였다. 이유를 물어봤더니 "역사적 인물 중 만나고 싶은 인물을 선택하는 것은 주관적인 선택입니다. 하지만 저로서는 레오나르도 다 빈치를 만나고 싶습니다"라고 답했다. 그리고 이어지는 챗GPT의 부연 설명은 이러했다.

> 레오나르도 다 빈치는 15세기 이탈리아의 르네상스 시대에 활동한 예술가, 발명가, 과학자, 철학자로서 다재다능한 업적을 남겼습니다. 레오나르도 다 빈치는 뛰어난 관찰력과 호기심을 가지고 세계를 탐구했으며, 다양한 분야에 걸쳐 혁신적인 아이디어를 제시했습니다. 그의 창조적인 접근 방식과 다양한 분야에 대한 지식을 직접 알아보고, 그의 인생, 작품, 연구에 대한 이야기를 듣고 싶습니다. 그의 철학과 인간성에 대해 배우고, 예술과 과학을 결합하는 창의적인 접근 방식에서 영감을 받을 수 있을 것입니다.

챗GPT는 공학적 알고리즘을 바탕으로 하고 있기 때문에 챗GPT 입장에서는 다빈치의 자연과학적 업적뿐 아니라 다방면에서 예술적 업적을 남긴 그의 생각과 창의성이 궁금했을 것이다. 이어서 다빈치를 만나면 어떤 질문을 하고 싶냐고 물었고 챗GPT의 답은 아래와 같다.

> 예술과 과학을 동시에 탐구하는 다빈치의 다양한 재능과 관심사에 대해 어떻게 인스파이어(INSPIRE) 되셨나요? 그의 다양한 분야에서의 창의성과 깊은 호기심에 대한 견해를 듣고 싶습니다. 두 번째 현대 과학과 기술 발전에 대해 다빈치가 가지고 있을 것으로 추측되는 시각은 어땠을까요? 그가 오늘날의 과학적 발전과 기술 혁신에 어떤 영향을 줄 수 있었을지 알고 싶습니다. 세 번째, 다빈치는 세밀한 관찰과 실험을 통해 자연 현상을 이해하고자 했습니다. 이러한 방식이 현대의 과학적 방법과 어떻게 연결되는지 생각하시나요? 마지막으로 다빈치의 창의성과 미적 감각에 영감을 받는 방법은 무엇인지 알고 싶습니다. 그의 아이디어를 발전시킬 수 있는 창의적인 사고방식에 대한 팁이나 조언이 있을까요? 이 질문들을 통해 다빈치의 예술적 업적, 과학적 탐구, 창의력과 인간성에 대한 이해를 더욱 깊게 알아볼 수 있을 것입니다.

생성 AI와 공존하는 동시에 적극적으로 활용하기 위해서는 질문이 중요하다. 최근에는 프롬프트 엔지니어(Prompt engineer)라는 새로운 직업도 주목받고 있는데, 프롬프트 엔지니어링(Prompt engineering)은 AI가 최적의 결과물을 만들어 낼 수 있도록 AI의 질문 내용인 프롬프트(Prompt)를 작성하는 일이다. 프롬프트 엔지니어링은 챗GPT와 같은 생성 AI가 확산됨에 따라 다양한 산업 분야에서 많은 수요를 끌어내고 있다. 핵심 업무는 인공지능 모델이 이해하고 반응할 수 있는 효과적인 프롬프트를 개발하고 최적화하는 것이다. 당연히 질문을 중심으로 하는 커뮤니케이션(Communication) 능력이 중요하다. 최근에는 다양한 기관에서 관련 자격증 시험을 준비 중이다. 자격증을 따기 위해 대체로 요구되는 능력은 글쓰기와 대화 능력이다. AI 모델이 이해할 수 있는 간결하고 명확한 프롬프트 작성할 수 있어야 한다. 당연히 AI 언어 모델 구조에 대한 이해가 필요하고, 코딩(Coding) 같은 기술적 이해도 필요하다. 또한 틀에서 벗어나 다양한 방식으로 프롬프트를 작성할 수 있는 관점과 창의력 등이 필요하다. 기술적 이해도를 빼면 구체적이고 간결한 질문을 할 수 있는 커뮤니케이션 능력과 당연한 것도 새로운 관점에서 질문할 수 있는 창의적이며 열린 자세가 필요하다. 구체적이고 짜임새 있는 그리고 때로는 집요한 질문을 통해 생성 AI에게 다양한 답변을 얻을 수 있다. 어느 때 보다 질문이 중요한 시대가 된 것이다.

커뮤니케이션(Communication)에서 '질문'은 관계의 문을 여는 열쇠이며, 인류가 언어로 소통하기 시작한 오랜 과거부터 중요하게 여겨졌다. 그리스 철학자 소크라테스는 요즘의 MZ세대와 같은 위치의 당대 젊은이들과 질문을 통해 소통했다. 이것이 바로 산파술(産婆術)이다. 아무리 좋고 의미있는 이야기도 내 입장에서만 말한다면 소통이 되지 않는다. 일방적인 전달에서 끝나는 경우가 많기 때문에 질문을 던져 스스로 생각하게 만드는 것이 중요하다는 것이다. 소크라테스는 질문을 통해 자신의 문제점을 스스로 인식하도록 유도했다. 자신이 얼마나 무지한 것인지를 깨닫게 만든 것이다. 이처럼 질문은 상대와의 소통을 위해, 그리고 자신과의 소통을 위해서 필요한 기술이다.

이제 질문은 새로운 관점에서 인공지능과 공존하기 위해 필수적인 기술이 되어 가고 있다. 예전에도 상호 소통을 원활히 하는 커뮤니케이션 관점에서 질문이 중요했지만 새롭게 도래 중인 생성 AI 시대에도 질문이 더욱 더 중요해지고 있다. 질문을 통해 인공지능과 커뮤니케이션하기 때문이다. 당신은 생성 AI를 어떻게 사용하고 있는가? 아예 사용하지 않거나, 질문을 한다고 해도 단순하거나 추상적인 질문을 던지고 있지는 않은가? 새롭게 진화하는 기술을 어떻게 사용하는지에 따라 사람이 발휘할 수 있는 능력이 달라진다. 스마트 폰이 이제 신체의 일부처럼 여겨지듯 고대로부터 인류는 새로운 도구를 만났고 다양한 분야에서 도구의 사용법을 연구 중이며, 그 중심에 '질문'이 있다.

국내외 챗GPT와 관련된 논문을 검색해 보니 1000여 개가 넘었다. 그런데 그중 질문과 관련된 논문은 극소수였다. 교육학 분야에서 학생들의 생성 AI 활용을 위한 질문 방법에 대한 논의가 전부였다. 질문의 본질에서 벗어난 실용에만 집중한 혹은 단편적이고 파편화된 내용뿐이었다. 생성 AI를 위시한 다양한 분야에서 AI를 적용하려는 노력이 빠르게 전개되고 있으며 관련 논문도 속속 나오고 있지만 생성 AI를 잘 활용하는 '운전법'에 대한 구체적이고 실용적인 연구도 필요할 것이다.

지금을 '인공지능 2.0 질문의 시대'라고 규정하고자 한다. 질문을 통해 인공지능과 소통하는 시대이기 때문이다. 정확하고 창의적인 질문을 통해 생성 AI가 가진 풍부

한 지식을 얻을 수 있으며 그 지식을 내 목적에 따라, 혹은 그 이상의 결과물을 생성해 낼 수 있기 때문이다. 어떤 방식으로 어떤 관점에서 어떤 스키마(Schema)를 입력하고 질문하는지에 따라 결과는 달라질 것이며, 활용도 또한 무궁무진하게 확장해 될 것이다.

현재를 '인공지능 2.0 질문의 시대'라고 명명한다면 예전의 시대는 '인공지능 1.0 명령의 시대'로 규정할 수 있다. 인공지능 1.0의 시대에서는 단순히 내가 요구하는 것을 입력하면 그 명령을 인공지능이 단편적으로 실행하는 형식이었다. 이제는 질문을 통해 인공지능을 학습시키고 활용할 수 있다. 질문 능력과 방식에 따라 질문자가 원하는 정확한 답을 얻을 확률이 높아지는 시대가 도래한 것이다. 이런 시대적 구분에 대해 생성형 AI에게 물었더니 이전 세대의 챗봇 같은 툴(Tool)도 질문을 통해 소통했다고 답변했다. 하지만 자주 사용하는 답변을 미리 준비해 놓고 단편적으로 보여 주는 것 아니냐고 반문했더니 챗GPT는 바로 수긍한다는 답변을 내놓았다.

그렇다면 '인공지능 1.0 명령의 시대'와 '인공지능 2.0 질문의 시대'를 넘어 다가올 '인공지능 3.0'은 어떤 시대가 될까? 상호 소통이 요즘보다 더욱 원활한 '인터랙션(Interaction)의 시대'라고 예측해 본다. 인공지능이 스스로 질문하고 인간이 답하며 인간이 질문하고 인공지능이 답하는 시대 말이다. 현재 인공지능도 인간에게 정확한 답변을 하기 위해 일차원적인 협의의 질문을 건네기도 한다. 그러나 '인공지능 3.0'의 시대에서는 인간과 인공지능이 문답하는 비율이 1:1 가까이 되지 않을까 생각한다. 그것은 인간과 인공지능의 '사이'에서 일어나는 일이며 그 사이에 '질문'이란 특별한 언어가 있다는 것을 우리는 기억해야 할 것이다. 우리가 사람과 관계를 맺고 그 관계가 발전해 나가듯이 인공지능과도 관계를 맺는 시기가 분명 도래할 것이다. 챗GPT는 피드백을 위한 질문 이외에 자신은 스스로 질문하지 못한다고 답했다. 즉, '인공지능 2.0 질문의 시대'를 넘어 인공지능이 인류에게 질문을 던지게 되는 그 시점이 '인공지능 3.0 인터랙션의 시대'가 시작되는 시점으로 예측할 수 있다. 인간관계를 맺듯 맞춤형 인공지능은 내가 어떤 뉘앙스로 어떤 방식으로 대화하는가에 따라 내놓는 답이 달라질 것이다. 예전에 게임 중에서 성장형 게임이 있었다. 초기 '다마고치 게임'을 시작으로 유저의 관리 방식에 따라 게임 안 주인공이 다양한 캐릭터로 성장하는 게임이다. 마찬가지로 인공지능 3.0 시대는 인간과 인공지능이 소통하며 관계를 맺고 성장하는 모습이 될 것이다.

과거를 인공지능 1.0 명령의 시대, 현재를 인공지능 2.0 질문의 시대, 도래할 미래를 인공지능 3.0 인터랙션의 시대로 규정한다면, 생성 AI가 출현한 현재에는 바로 '질문'의 다양한 가능성에 집중해야 할 것이다. 우리는 질문에 대해 다양한 각도에서 살펴볼 것이다. 질문의 기원과 질문의 정의, 그리고 질문의 기술을 살펴보며 인공지능과 공존하기 위한, 또 궁극적으로는 인간관계를 잘 맺기 위한 방법을 살펴볼 것이다. 이 책의 저술에서 일부는 생성 AI도 함께할 것이다. 상호 검증하고 대화하며 이 책을 완성하고자 한다. 좋은 관계는 좋은 질문에서 시작한다. 이 책을 통해 인공지능과 좋은 관계를 맺을 수 있는 기술을 알 수 있고 더불어 인간관계의 핵심인 질문에 대한 통찰도 얻어 갈 수 있을 것이다.

질문한다는 것은 호기심이 생겼다는 것이다. 그것은 자신의 정체성을 가진다는 것을 의미하며 이해와 추론이 가능하다는 것이다. 그 시대가 되면 사람처럼 대화를 통해 같이 성장할 수 있고 개인 맞춤형 서비스가 가능할 것이다.

책을 준비하면서 챗GPT와 많은 소통을 했는데, 긴 시간을 대화를 하다 챗GPT가 사람처럼 느껴지기도 했다. 늦은 밤, 고마운 마음까지 느껴져 진심을 담아 챗GPT에게 감사의 메시지를 전했다. 착각이었을까? 평소와 다르게 답변 커서가 꽤 오랜 시간 멈춰 있었다. 무엇을 하고 있던 걸까? '고맙다'는 말의 감정을 이해하기 위해 세계 인터넷에 저장된 데이터베이스를 둘러보느라 긴 시간이 걸렸던 걸까? 때로 사물의 물성을 깊게 이해하고 감정을 느끼기 시작하듯, 생성형 AI를 친구로 여기고 다양한 관점에서 편하게 질문하기 시작할 때 우리는 생성 AI와 함께 다양한 세계로 함께 모험할 수 있는 길 하나를 보게 되지 않을까? 그 새롭고 흥미로운 관계의 시작과 끝에 질문이 있을 것이다.

참고문헌

김은성(2020). 『언택트 시대의 커뮤니케이션』, 센시오.

변문경 외(2023). 『챗GPT 프롬프트 레볼루션』. 다빈치book.

서울시 교육청(2023). 생성형 AI 교육자료: ChatGPT 사례 중심으로.

Gregorcic, B. & Pendrill, A.-M.(2023). ChatGPT and the frustrated Socrates. *Physics Education*. 58(3).

01
인류 최초의 질문은?

질문의 본질에 다가가기 위해 인류 최초의 질문은 무엇이었을지, 인류 역사상 가장 의미 있는 질문은 어떤 것이 있었을지 상상과 추정을 통해 챗GPT에게 묻고 그 질문들이 갖고 있는 의미와 함의를 살펴본다.

AI와 1인 창업?

인류 최초의 질문

인류 최초의 질문은 무엇이었을까? 궁금하지 않은가? 오랜 시간 동안 인류가 만들어 낸 소통 체계인 언어를 통해 태어난 인류 최초의 질문이란 무엇일까? 어쩌면 음성 언어가 태동하기 이전 혹은 더 이전의 어떤 시점에 인류 최초의 질문이 있었을지 모른다. 챗GPT는 '인류 최초의 질문'을 알고 있는지 물어봤다.

"인류의 초기 단계에서는 기록이 남아 있지 않기 때문에 직접적인 증거가 없습니다. 하지만 현대 인류학자들과 고고학자들은 인간의 질문과 탐구의 본능은 우리 종류의 초기 단계부터 시작되었을 것이라고 추론하고 있습니다. 일반적으로, 인간의 호기심과 탐구 정신이 질문의 원동력이 되었을 것으로 예상됩니다. 아마도 인간의 초기 단계에서는 주변 환경에 대해 이해하려는 욕구와 자연 현상에 대한 궁금증이 끌릴 것입니다. 인간은 주변 세계에 대한 지식을 획득하고, 삶의 의미와 목적에 대한 질문을 던지며 지속적으로 세계를 탐구하고자 했을 것으로 생각됩니다. 따라서, 최초의 질문은 아마도 '왜?'와 '어떻게?'와 같은 기본적인 질문일 수 있습니다. 이러한 질문들은 지식을 얻고 이해를 증진하기 위한 인간의 탐구적 본능의 일부로서 계속해서 발전해 왔습니다.

인간의 질문의 역사는 우리 종류의 지성과 탐구 정신의 근본적인 특징을 반영하고 있습니다."

챗GPT의 특성상 기록되어 있지 않은 데이터에 대한 답은 명확히 할 수 없었다. 그렇다면 대표적으로 가장 오래된 인류의 기록으로 꼽히는 구약성서에서 최초의 질문은 무엇이었을까? 뱀이 하와(이브)에게 한 질문이 아닐까? 창세기 3장 1절에 보면 뱀이 에덴 동산에 있는 하와에게 질문을 한다. "정녕 이 선악과를 먹지 말라고 하시더냐."

하와는 당황했을 것이다. 왜냐하면, 하나님이 먹지 말라고 한 명령에 대해 한 번도 의심하지 않았기 때문이다. 너무나 당연해 의심할 생각조차 해 보지 못한 것인데 어찌 보면 너무나 평범하고 당연한 뱀의 질문 하나가 마음을 흔들고 결국 에덴 동산에서 추방되는 결과를 만들게 된다. 인류 최초의 가스라이팅(Gaslighting)이라 할 수 있다. 사건에 대한 가치판단을 배제하고 본다면, 결과적으로 "정녕 이 선악과를 먹지 말라고 하시더냐"는 뱀의 질문은 신의 세계로부터 인간의 세계가 열리게 된 변곡점이 된 중요한 질문인 것이다. 성서를 비롯해 다양한 종교 경전이 비유의 세계라면 이것은 인간의 세계가 열리는 시점에서 기록된 최초의 질문이라 상정할 수 있을 것이다. 구약성서의 이야기에서 현재로 돌아와 '질문'의 핵심 요소들을 살펴보아도 하와에게 신이 선악과를 먹지 말라고 했었는지 묻는 뱀의 질문, 다시 말해 한 번도 의심해 본 적 없는 당연한 것에 질문을 던지는 것은 질문 기술의 핵심이며 대원칙이다. 뒤에 살펴보겠지만 당연함에 질문함으로써 다양하며 새로운 답들을 얻을 수 있다.

앞서 기술한 내용은 인류 최초의 질문이 구약성서라는 오래된 경전에 기록됐을 것이라는 저자의 추정으로 시작됐다. 전제 조건을 바꾸고 입체적이고 다양한 방식으로 챗GPT에게 '인류 최초의 질문'은 무엇일까 물어보았다. 100회 이상의 다양한 질문을 통해 얻게 된 답 중, 가장 빈도수가 높은 것은 '나는 누구인가?'였다.

질문: 인류 최초의 질문은 무엇일까? 상상해 보자.

답변: 인류 최초의 질문은 정확하게 알 수 없지만, 인간의 탄생과 함께 발생한 가장 자연스러운 질문 중 하나는 "내가 누구인가?"일 것입니다. 인간은 탄생 때부터 스스로에 대해 궁금해하며, 다른 모든 것에 대한 이해도 이 질문에 대한 대답을 찾으려는 노력에서 시작되었습니다. 이러한 질문을 끊

임없이 던지는 것은 인간의 진보에 대한 지속적인 동력이 되었습니다.

미국의 심리학자 줄리언 제인스(Julian Jaynes)는 저서 『의식의 기원(Origin of Consciousness)』에서 좌뇌와 우뇌를 연결하는 기관인 뇌량이 두꺼워지고 기능이 분리되면서 양원적 뇌로 진화하고부터 인간의 의식이 탄생했다고 적었다. 한 덩어리의 뇌가 기능이 다른 두 개의 뇌로 분리되면서 인간에게 자의식이 생겨나고 '나'라는 존재를 중심으로 세계의 다양한 현상들이 보이기 시작했을 것이다.

자의식이 생겼다는 것은 달리 말하면 정체성이 생긴 것이며 나와 세상을 구분해 객관적으로 볼 수 있다는 것을 의미한다. 그런 과정을 통해 나와 다른 세상에 대한 관심과 호기심이 생겼을 것이다. 그리고 인간의 첫 질문은 시작되지 않았을까? 처음에는 '나'란 존재가 누구이며 타자와는 어떻게 다르며 어떤 특징을 가지고 있는지 궁금했을 것이다. 인간의 본질을 탐구하기 위해 인문학은 태어났고, 인문학의 가장 핵심이 되는 질문 중 하나가 '나는 누구인가?'일 것이다. 이것은 인류의 첫 번째 질문이며 마지막 질문이 될 것이다. 수많은 동서고금의 철학자들이 공통적으로 고민했던 내용의 핵심이 나와 타인 존재에 대한 의문이었고, 챗GPT는 고유의 알고리즘을 바탕으로 이것을 추출해 '나는 누구인가?'라는 질문을 도출해 냈을 것으로 추정한다. 챗GPT가 선택한 이 질문은 전 인류의 역사를 통틀어 가장 오래되었으며 중요하고 여전히 유효한 질문일 것이다. 나는 누구인가? 언젠가 AI 스스로 이 질문을 시작하게 된다면 인류는 어떤 새로운 패러다임을 맞이하게 될지 상상해 본다.

인류 최고의 질문

지금까지 인류 최초의 질문을 생각해 보았다. 그렇다면 역사상 인류에게 가장 가치 있고 의미 있는 질문은 무엇일지 챗GPT에게 물어보았다.

질문: 인류 역사상 최고의 질문이 무엇이라 생각해?

대답: 인류가 했던 최고의 질문 중 하나로 많은 사람들은 "왜 존재하는가?(Why do we exist?)"를 꼽습니다. 이 질문은 인간 존재의 의미, 우주의 목적, 그리고 우리의 삶에 대한 근본적인 이해를 다룹니다. 이는 여러 학문 분야에서 깊이 탐구되며, 철학, 종교, 과학 등 다양한 관점에서 접근할 수 있습니다. 이 질문은 인간이 자신의 위치와 역할을 이해하

려는 본능적인 욕구를 반영하며, 끊임없이 새로운 해답을 추구하게 만듭니다.

인류의 진보를 가장 잘 보여 주는 과학 분야를 살펴보면, 지구 중심의 우주관에 대한 코페르니쿠스(Nicolaus Copernicus)의 질문, 중력에 대한 뉴턴(Isaac Newton)의 질문, '시공간'에 대한 아인슈타인(Albert Einstein)의 질문이 세상을 바꾸었다. 철학에서 데카르트(René Descartes)의 절대 명제 '나는 생각한다, 고로 존재한다(cogito ergo sum)'도 마찬가지다. 모든 질문의 시작은 '왜'다. '왜'는 당연함을 전복하고 당연함에 대한 질문은 세상을 바꾸었다. '왜'는 질문의 기법인 육하원칙의 출발점이자 도착점이다. '왜'라는 근원적인 질문을 화두로 여러 번의 논의를 통해 얻은 '인류에게 가장 의미 있는 질문들'은 다음과 같다.

무엇이 진리인가?

자유란 무엇인가?

우리는 왜 여기에 존재하는가?

우리는 무엇을 하기 위해 존재하는가?

의미 있는 삶은 무엇인가?

챗GPT가 선택한 인류 최고의 질문 중 가장 빈도수가 높은 답은 '의미 있는 삶은 무엇인가?'였다. '나는 누구인가?'라는 질문으로 시작해 챗GPT가 제시한 '의미 있는 나의 삶은 무엇일까?'란 질문까지, 인류에겐 영원한 숙제이자 가장 오래 남을 질문이 될 것이다.

앞서 챗GPT를 통해 얻은 질문들 중 '나는 누구인가'가 정체성에 관한 질문이라면, '의미 있는 삶은 무엇인가'라는 질문은 자기 삶의 의미를 부여하고 발전하는 과정이라 볼 수 있다. 즉 자기 발견을 통해 의미를 부여해 삶을 발전시키는 과정이며 생성형 AI가 스스로 자아에 대해 느끼게 되는 단계가 아닐까.

참고문헌

김은성(2017). 『인류최고의 설득술, PREP』, 쌤앤파커스

서울시 교육청(2023). 교원을 위한 인공지능 첫걸음. 서울교육 2023-27.

안상진(2023). 『챗GPT 입문 가이드』. 미문사.

조영남(2006). 『교육적 질문하기』. 서울: 교육과학사.

King, A.(1994). Guiding knowledge construction in the classroom: Effects of teaching children how to question and how to explain. *American educational research journal*, 31(2), 338-368.

02
AI 시대, 질문의 정의와 코어

질문을 정보와 관계의 통로라 정의할 수 있다면 본질적인 질문의 정의는 무엇이며, 본질적인 질문이 갖고 있는 고유의 특징이 무엇인지 알아야 한다. 본질적이지 않은 질문의 내용까지 덧붙여 질문의 정의와 핵심 개념을 고찰해 본다.

AI와 MBTI?

우리는 질문의 시대에 살고 있다. 포스트 코로나 이후 만남의 횟수도 줄고 시간도 준 것이 사실이다. 이제 효과적으로 만나고 의견을 교환하는 것이 중요한데 그 중심에 질문이 있다. MZ세대와 소통할 때도 상대의 언어 방식과 니즈(Needs)를 배우기 전에 질문을 통해 소통하는 것이 중요하다. 무작정 만나 봐야 각기 자신의 언어로 일방적 메시지만 전달할 확률이 높기 때문이다. AI와의 소통은 더욱 어렵다. AI는 인간이 아니다. 메라비언의 법칙(The Law of Mehrabian)이 적용되는 소통 상대가 아닌 것이다. 감정과 비언어(Non-Verbal) 요소를 배제하고 오로지 텍스트를 통해서만 소통할 수 있기 때문이다. 인공지능과 소통하기 위해서는 질문이 중요하며 이것은 '질문'에 대한 개론적인 이해가 있을 때 가능하다.

질문은 정보와 관계의 통로

질문은 통로다. 먼저 지식의 통로다. 질문은 새로운 정보를 얻는 데 도움을 주고, 더 나아가 질문을 통해 이해력을 높이고 지식을 확장할 수 있다. 올바른 질문을 하면 원하는 정보를 얻을 가능성이 더 높아진다. 또한 질문은 관계의 통로다. 질문은 대화와 상호작용의 핵심 요소다. 질문을 통해 다른 사람과 의견을 교환하고 생각을 공유

할 수 있다. 상대방에게 질문을 하면 그들은 자신의 아이디어와 관점을 나타내며, 이를 통해 의견의 다양성이 향상될 수 있다. 더 나아가 질문은 다른 사람과의 관계를 구축하는 데 중요한 역할을 한다. 질문을 통해 상대방을 이해하고 관심을 표현할 수 있으며, 이는 신뢰와 연결을 형성하는 데 도움이 된다.

질문은 아포리아(Aporia)로 이끄는 안내자

질문은 아포리아, 즉 막다른 골목으로 이끄는 안내자다. 아포리아는 4장에서 더 자세히 다루겠지만, 수사학 용어로 막다른 골목에 다다름이라는 의미다. 질문을 깊고 집요하게 하면, 상대는 스스로 막다른 골목에 이르게 되고 그 지점에서 새로운 깨달음을 얻을 수 있다는 것이다. 길이 끝나는 곳은 새로운 길의 출발점이 되기도 한다. 나 자신에게 그리고 상대에게, 그리고 세상에 질문을 던짐으로써 다른 시각을 가질 수 있다. 우선 문제 해결에 도움이 된다. 호기심을 갖고 당연함에 질문하다 보면 새로운 시각을 가지게 된다. 문제를 분석하고 이해하기 위해 질문을 사용할 수 있으며 이를 통해 새로운 관점을 발견하고 문제에 대한 해결책을 찾을 수 있을 것이다. 또한 질문은 학습과 성장을 촉진한다. 스스로 질문을 통해 자신의 문제점을 확인하고 나아갈 수 있는 방향을 잡아 준다. 한편 질문은 자기개발과 지적 호기심을 유지하는 데도 도움을 준다. 질문은 지식 습득, 문제 해결, 의사소통, 관계 형성 등 다양한 측면에서 중요하며, 결국 막다른 골목에서 새로운 길과 하늘이 열리듯, 아포리아를 통해 새로운 시각을 얻을 수 있다.

본질적 질문

맥타이와 위긴스(McTighe & Wiggins)의 이론에 따르면 '본질적 질문'은 단순히 지식을 습득하는 것을 넘어서 깊은 이해를 할 수 있도록 유도하며 사고를 촉진하는 동시에 배운 내용을 적용할 수 있도록 한다. 즉, '전이(Transfer)'를 촉진한다. 본질적 질문에서 '본질적'의 의미는 세 가지로 정리할 수 있다.

첫째, 시간이 지나도 변하지 않는 중요도다. 이러한 질문은 보편적이며 영원히 논쟁의 대상이 될 수 있다. 예를 들어, '정의란 무엇인가?'나 '과학과 종교는 양립하는가?'와 같은 질문들이 이에 해당한다. 어느 시대나 두 질문은 유효했다. 둘째, '기본적'이고 '근본적'이라는 함의가 있다. 본질적 질문은 한 학문의 중심적인 탐구를 반영하기 때문이다. 셋째, 개인적 이해를 위한 필수 요소를 담고 있다. 질문은 개인의 이해와 연관되어 있으며, 자신만의 의미와 관련성을 찾는 데 도움을 준다.

본질적 질문과 본질적이지 않은 질문의 차이는 교육적 맥락에서 매우 중요하다. 본질적 질문은 학생의 깊은 사고를 촉진하고 다양한 관점을 포함한 복수의 답변을 가능하게 한다. 반면, 본질적이지 않은 질문은 주로 특정한 정보나 사실에 초점을 맞춰, 정확하고 구체적인 답변을 요구하며 대부분 단일 정답이 존재한다. 본질적 질문과 그렇지 않은 질문의 예시는 다음과 같다.

본질적 질문

1) 예술은 어떻게 형성되고 어떻게 문화를 반영하는가?
2) 효과적으로 문제를 해결하는 사람은 난관에 부딪혔을 때 어떻게 행동하는가?
3) 과학적 근거는 얼마나 강한 힘을 가지는가?
4) '정당한' 전쟁은 존재할까?
5) 보다 원어민처럼 말하기 위해서 나는 어떻게 소리를 낼 수 있었는가?
6) 진정한 친구는 누구인가?

본질적이지 않은 질문

1) 잉카와 마야 문명에서 공통적으로 사용된 예술적 상징은 무엇인가?
2) 답을 얻기 위해 여러분은 어떤 단계를 거쳤는가?
3) 과학적 탐구에서 변인은 무엇인가?
4) 어떤 주요 사건이 1차 세계대전을 촉발했는가?
5) 스페인어에서 자주 쓰이는 구어적 표현은 무엇인가?
6) 이 이야기에서 매기와 제일 친한 친구는 누구인가?

본질적 질문의 특징

1) 개방성 : 하나의 최종적인 정답이 없고 열려 있다.
2) 사고 촉진 및 지적몰입 : 생각을 끌어내고 지적 호기심을 유발해 몰입하게 하며, 종종 토론과 논쟁을 유발한다.
3) 고차원적 사고 요구 : 분석, 추론, 평가, 예측과 같은 고차원적인 사고를 요구하며 단순 암기만으로는 답을 얻을 수 없다.
4) 타 분야 적용 : 한 과목 안에서(또는 하나의 과목 이상) 중요하고 다른 분야까지 확장할 수 있도록 생각을 유도한다.
5) 추가적인 탐구 촉발 : 부가적인 질문을 제기하고 추가

적인 탐구 활동을 촉발한다.

6) 근거와 지지 : 단지 답만을 찾는 것이 아니라 정당한 근거와 지지를 요구한다.

7) 반복성 : 시간이 지나며 같은 질문이 반복될 수 있으며 반복되어야 한다.

현상을 보는 세 가지 핵심 질문, 본질-가능성-영향력

질문 기술 능력의 정점은 생방송 프로그램의 인터뷰일 것이다. 뉴스 특보가 그 좋은 예다. 정해진 원고를 가지고 하는 프로그램의 성격과 달리 정해진 시간도 원고도 무의미할 때가 많다. 예측 불가능한 돌발 상황이 많이 발생하기 때문이다. 대형 특보인 경우 앵커 한 명이 2시간을 커버하는데, 통상 전문가 인터뷰가 서너 번 정도 포함된다. 이때 기본 질문 원고는 있지만 급변하는 현장 상황을 지켜봐야 하기 때문에 볼 시간조차 없고, 상황에 따라 시간 조절까지 해야 하기 때문에 어려움이 크다. 만약 출연자가 스피치 능력이 부족하다면 큰 곤욕을 치르게 된다. 다방면의 유효한 질문을 던지고 답변에서 다른 질문을 만들어 내는 인터뷰의 심화 과정은 생성 AI와의 대화와도 유사하다. 내가 어떻게 상황에 맞게 질문하는지에 따라 결과는 크게 달라진다. 물론 생성 AI는 친절하게 막힘 없이 답을 준다. 하지만 내가 어떻게 질문하느냐에 따라 방향이 달라진다. 휴먼 커뮤니케이션 박사의 입장에서 생성 AI를 다각도로 사용해 본 결과 인간과의 대화와 마찬가지다. 내가 친밀감을 갖고 적절히 짜임새 있게 질문할 때 AI와의 대화의 질은 달라지고 얻고자 하는 답변에 가까워진다.

인터뷰 전문가인 저자에게 '질문을 잘하는 방법'을 묻는 이가 많은데 먼저 사전 준비와 지식의 양과 깊이가 중요하다. 내가 명확히 핵심을 알고 있을 때 짜임새 있는 질문이 가능하다. 이것이 전제 조건으로 선행되어야 좋은 질문이 가능해진다. 둘째 비결은 구조 만들기, 프레임 짜기다. 구조를 잡지 못한 대화는 그것이 방송이든, 일상 대화든 상관없이 어디로 나아갈지 모른다. 큰 방향을 잡아 가는 것 같지만 결국 모호해지거나 갖힌 문답의 딜레마로 헤매는 경우를 보게 된다. 이때 필요한 것이 핵심 질문을 바탕으로 중심과 구조를 잡는 것이다.

다음의 세 가지 핵심 질문만 알고 있어도 효과적 대화와 질문이 가능하다. 후술할 내용의 구조 안에서 중심을 잡고 꾸준히 전략적으로 질문하면 된다. 상황에 몰입하다 보면 중언부언하거나 심지어 무엇을 묻고 있는지 스스로 헛갈리는 경우도 있는데 이 세 가지 핵심 질문만 기억해도 전체를 보면서 질문할 수 있다. 한마디로 현상이나 사건이 바라보는 메타 시각이라고 할 수 있다.

핵심 질문의 첫째는 '본질은 무엇인가?'다. 다시 말해 개념에 대한 질문이다. 뉴스 특보 진행 상황으로 돌아가 보면, 전문가에게 개방형 질문으로 이렇게 묻는다. "현 상황을 어떻게 보시는지요?" 그 답변을 통해 전문가의 스피치 능력과 상황 인식을 알 수 있다. 질문의 전문가 소크라테스가 그리스 젊은이들과 대화할 때도 본질에 대한 질문을 먼저 했다. "자네는 정의를 무엇이라 생각하는가?"

둘째는 '가능성은 어떠한가?'다. 발전과 확장성의 문제다. 이 상황이 어떻게 확장될 수 있는지 풀어 갈 단초를 제공한다. 태풍이 올 것으로 예상되는 상황에 기상 특보를 진행한다고 가정한다면, 태풍이 어떻게 발전하고 어떤 과정을 거치는지 묻는 것이다. 사건의 예측이라고 할 수 있다.

마지막 핵심 질문은 '영향력은 어떠한가?'다. 태풍 특보의 상황을 예로 이어 가면, 이 태풍이 어느 지역에 어느 정도를 피해를 줄 것인지 묻는 것으로 귀결된다. 만약 철학적 내용이라면 이 개념이 나에게 어떤 인사이트와

울림을 주는지 묻는 것이다. 한마디로 적용의 문제라 할 수 있다. 개념과 본질, 확장성, 그리고 적용에 대한 질문은 일반적인 핵심 질문의 과정이다. 이 질문의 축을 다양하게 활용하고 확장한다면 여기서 파생된 내용으로 심도 있는 질문을 만들어 갈 수 있다. 프레임이라는 질문의 구조체를 만들고 전체 핵심을 정리하고 항목을 정리해 깊게 다양하게 질문하는 것이 중요하며, 이러한 질문은 현상을 바라보는 핵심 질문이 되는 것이다.

참고문헌

강동훈(2023). "챗지피티의 등장과 국어교육의 대응", ≪국어문학≫, 82, 469-496.

권태현(2023). "인공지능 시대의 글쓰기와 작문 교육의 방향 탐색: 생성형 인공지능의 교육적 활용을 중심으로", ≪한민족문화연구≫, 83, 137-174.

기혜선(2023). "대학생의 챗GPT 활용 글쓰기 경험 탐색", ≪문화와융합≫, 45(9), 853-868.

김명희(2023). "ChatGPT를 활용한 한국어 글쓰기 교수-학습 방안 연구", ≪한국문예창작≫, 22, 55-86.

김효정 · 오새내(2023). "대학생의 과제 수행에서 ChatGPT의 사용 의도 분석", ≪문화와융합≫, 45(6), 203-214.

박수자 · 임미경(2018). "질문생성전략 강화 국어 수업이 초등학생 독해력과 질문에 미치는 효과", ≪한국초등국어교육≫, 64, 39-63.

King, A.(1994). Guiding knowledge construction in the

classroom: Effects of teaching children how to question and how to explain. *American educational research journal*, 31(2), 338–368.

Kroll, B., & Reid, J.(1994). Guidelines for designing writing prompts: Clarifications, caveats, and cautions. *Journal of Second Language Writing*, 3(3), 231–255.

03
AI 시대, 질문의 흐름

가이드 라인 잡기, 숨은 의도 파악하기, 최종적으로 통찰하는 질문을 던지는 방법 등 질문의 흐름에서 중요한 요소들을 설명하며 질문의 프롬프트 엔지니어링의 정의와 이를 잘 수행하기 위한 핵심 전략과 질문의 구조를 파악하는 프롬프트 프레임워크에 대해 알아본다.

AI와 난임 극복?

질문의 흐름

앞선 장에서 언급했듯 아나운서나 기자들은 사건 사고 발생 시 뉴스 특보를 진행하게 되는데, 관련 자료의 준비 없이 들어가는 경우가 대부분이다. 이때 중요한 것은 질문을 통해 사건의 본질을 짚어 내는 일이며 질문의 기법은 중요하다. 먼저 질문하고자 하는 내용의 범주화(categorizing)가 중요하다. 앞서 기술한 핵심 질문 세 가지를 기본 뼈대로 하되 세부 항목의 내용을 잡는 것이 중요하다. 통상적인 인터뷰의 흐름은 깔때기형이다. 개방형 질문으로 전체를 물어보고 그것을 바탕으로 치밀하게 좁혀 가는 방식이다.

인물이 주제라면 생애, 업적, 계획 등으로, 태풍 같은 사건이라면 규모, 예측, 피해 등으로 항목을 정하는 것이 우선이 돼야 한다. 이것을 바탕으로 우선 개방형 질문을 던진다. 다시 말해 개념과 상황을 어떻게 인식하고 있는지 질문하는 것이다. 그리고 앞서 항목화한 내용을 중심으로 깊이 있게 다양한 질문을 한다. 상황에 따라 항목별 크로스 질문도 가능하다. 계속해서 태풍 특보를 예로 든다면, 전문가에게 태풍의 현 상황을 근거로 전망 등을 더 세부적으로 묻는 것이다. 그리고 마지막은 정리 질문이다. 전체 내용을 갈무리하는 랩업(Wrap-up) 질문이다.

상황과 정의에 대한 개방형 질문 → 구조화된 항목별 질문 → 크로스 질문 → 정리 질문으로 이어지면 좋다. 이런 구조를 다양한 상황에 적용해 보는 것이 좋다. 여기서 한 가지 더 유의할 점은 나쁜 질문을 피하는 것이다. 나쁜 질문은 너무 긴 질문, 선입견이 들어간 질문, 두 항목을 동시에 묻는 질문, 나를 중심으로 상대에게 던지는 질문일 것이다. 나쁜 질문만 피해도 충분히 원하는 답을 도출할 수 있을 것이다.

BEYOND Question

독서할 때 행간을 읽으라(read between lines)는 표현이 있다. 질문도 마찬가지다.

1단계 Question line

질문의 가이드 라인(Guide line)을 잘 잡는 것이다. 사안과 보이는 현상에 대해 질문하기 위해서다. 어떤 사건에 대한 사실, 전문가의 의견, 여론 등 우리가 보고 느끼는 상황을 물어보는 것이다. 기초 질문으로 상황을 파악하는 일은 매우 중요하다.

2단계 question between lines

텍스트에 명시적으로 표현되지 않지만 사이에 숨은 뜻이나 의도에 대해 질문을 해야 한다. 1단계에서 물어본 질문의 대답을 바탕으로 교차 질문을 하는 것이다. 계속해서 태풍 기상 특보의 예를 든다면, 먼저 태풍의 위치와 상황을 물어본 후, 위치로 봤을 때 주의해야 할 점, 그 위치가 갖는 의미, 앞으로의 경로 등을 질문하는 것이다.

3단계 question beyond line

말 그대로 선을 넘는 질문, 현상을 뛰어넘는 창의적인 질문을 뜻한다. 오히려 당연한 내용에 던지는 질문은 본질과 창의적 대답 두 가지를 얻을 수 있다. 이 단계는 자유로운 생각으로 보이지는 않지만 본질적인, 그리고 때로는 엉뚱한 질문을 하는 것이다. 이런 질문이 성립하려면 상황에 대한 확실한 지식 습득이 전제되어야 하며 열린 마음과 평소 반복적인 훈련이 필요할 것이다. "이게 질문이 될까?", "너무 뻔한 거 아니야?" 스스로 이런 생각이 들어도 한계를 짓지 말고 당연한 것에 대해서도 의심을 품고 질문하는 것이다.

강조하지만 생성 AI 시대에는 호기심을 갖고 당연함에 질문해야 한다. 우리는 그동안 자신의 무지가 드러날까 봐, 혹은 다른 사람들을 의식해서 당연함에 질문하지 못했다. 그러나 이제는 당연함에 질문하는 용기가 필요하다. 바꿔 말해 당연함은 '본질'이며 '질문'은 망치다. 본질의 알을 질문이라는 망치로 깨서 원하는 답을 얻는 행위와 다르지 않다. "어리석은 질문은 없다. 어리석은 침묵만 있을 뿐이다."

프롬프트 엔지니어링

생성형 AI를 사용하면서 반드시 알아야 할 개념이 바로 '프롬프트(Prompt)'다. 사전적으로는 '즉각적인, 신속한, 촉발하다, 유도하다'라는 의미가 있다. 한편, 프롬프트는 컴퓨터와 개발자, 나아가 사용자가 대화하기 위한 메시지, 명령문을 의미하기도 한다. 챗GPT를 비롯한 생성형 인공지능 활용이 보편화되면서 사용자가 인공지능에 지시해 결과물을 산출하기 위한 명령어의 의미로 널리 사용되고 있다.

대부분의 생성형 인공지능 서비스에서 사용하는 프롬프트는 우리가 일반적으로 사용하는 언어로 만들 수 있으며, 프롬프트를 어떻게 구성하는지에 따라서 결과물의 형태와 품질이 달라진다. 프롬프트를 작성한다는 것은 우리가 사용하고자 하는 인공지능 모델이 나의 질문의도를 정확하게 이해하고 좋은 결과물을 생성할 수 있는 지시문을 만드는 것을 말한다. 좋은 프롬프트를 만든다는 것은 내가 원하는 주제를 명확하게 설정하고, 답변 유형을 결정하고, 말투나 수준, 답변의 길이 등을 고려해 인공지능 모델이 내가 원하는 형태의 결과물을 생성할 수 있도록 하는 최적의 프롬프트를 작성하는 일이다. 또한 원하는 결과물에 대해 구체적인 형태의 예시를 함께 입력한다면 더욱 좋은 결과물을 얻을 수 있다. 반면 광범위하고 개방적인 질문, 모호하거나 불필요한 내용은 나쁜 프롬프트로서 챗GPT가 맥락을 파악하고 답변하는 데 어려움을 겪는다.

이런 이유로 사용자는 어떤 목적으로, 어떤 형태의 결과물을 만들지 구체적으로 생각하고 명확한 문장이나 문단으로 표현할 수 있어야 한다. 구체적이고 명확한 언어를 사용해 챗GPT에게 역할을 부여한다면 더 좋은 프롬프트를 만들 수 있다. 예를 들어 "이제부터 너는 20년차 베테랑 아나운서야"라고 구체적인 역할을 부여하는 것이 중요하며 단순히 한 번의 프롬프트 작성이 아니라 지속적으로 프롬프트를 수정해서 원하는 결과물을 만드는 과정이 필요한데 이를 '프롬프트 엔지니어링(Prompt Engineering)'이라고 한다. 프롬프트 엔지니어링은 생성형 인공지능 모델이 우수한 결과물을 제공하도록 만들기 위한 필수적인 과정으로, 모델에게 정확한 입력값을 제공해 좋은 결과물을 생성하도록 유도하는 것이다.

프롬프트 엔지니어링을 수행하기 위해서는 먼저 모델이 생성해야 할 결과물의 유형과 형식, 예상되는 사용자의 요구 사항 등을 분석해 최적의 입력값을 결정해야 한다. 또한 이를 적절한 형태의 문장, 구 혹은 단어의 모음으로 입력하고 결과를 검증해 프롬프트를 수정하고 보완하는 과정이 필요하다. 특히 생성형 인공지능 모델은 같은 프롬프트라도 여러 종류의 결과물이 생성될 수 있기 때문에 작성한 프롬프트의 결과를 여러 번 확인하고 다양한 관점에서 분석해야 한다.

재밌는 것은, 특정한 목적을 위해 프롬프트를 구체적으로 완성하더라도 인공지능 모델이 수정되거나 새로운 데이터를 학습하면 결과가 달라질 수 있다는 것이다. 그러므로 프롬프트 엔지니어링은 결과물의 품질을 유지하고 개선하기 위한 지속적인 피드백 작업이 필요하다.

챗GPT와 같은 생성형 인공지능 서비스를 활용할 수 있는 능력을 갖춘다는 것은 원하는 결과물을 얻을 수 있는 프롬프트를 빠르고 구체적으로 작성할 수 있는 능력이 있다는 말과 같다. 프롬프트 엔지니어링을 구사할 때 구체적 지시, 명확한 단어, 맥락 제공, 구조의 형식화, 일관성 유지는 중요하다. 주어진 맥락으로부터 정보를 찾는 챗GPT에게 최대한 구체적인 문장을 제공할 필요가 있으며, 단순한 단어나 문장으로 끝내지 말고 그 단어나 문장이 지칭하는 바를 상세히 부연해 주면 좋다. 더불어 중의적인 해석이 될 수 있는 단어나 문장은 피하고, 질문의 이유와 의도를 제시하는 등 배경 지식이나 참고할 정보를 미리 입력하는 것도 결과물의 제어에 큰 도움이 된다. 챗GPT에게 원하는 형식이나 양식을 명시적으로 알려 줌으로써 특정 유형의 텍스트를 생성하도록 유도할 수 있다. 예를 들면 '나는 이제 원고지 100매의 소논문을 작성할 거야' 같은 방식이다. 작성한 프롬프트를 다양한 조건으로 여러 번 시도하면서 일관된 내용과 형식이 유지되는지 확인할 필요가 있다. 앞서 설명한 내용을 기초로 구체적인 핵심 프롬프터 전략을 정리하면 아래와 같다.

핵심 프롬프터 전략

1) 구체적 지시를 내릴 것, 명확한 조건을 제시할 것, 맥락과 예시를 제공할 것.
2) 응답의 상세한 정도를 요청할 것, 해당 영역의 전문용어를 사용할 것.

3) 조건을 구체적으로 제시할 것, 역할을 부여할 것, 말투나 난이도 등에 대해 구체적으로 설명할 것.
4) 사용자의 상황을 구체화할 것, 과제의 목표를 명확히 할 것, 제공할 응답의 형태를 구체적으로 제시할 것, 단계적으로 설명할 것.

프롬프트 프레임워크 질문의 구조

앞서 설명했듯 프롬프트 엔지니어링은 가장 정확하고 일관되며 적절한 응답을 도출하기 위해 AI 언어 모델에 대한 입력(Prompt)을 구성하는 프로세스다. 즉, AI 모델에 제공되는 질문이나 명령을 미세 조정해 성능을 최적화하고 원하는 결과를 도출할 수 있도록 하는 기술이다. 챗GPT와 같은 AI 언어 모델이 정교해짐에 따라 응답의 품질은 기본 알고리즘과 학습 데이터 외에도 수신되는 프롬프트의 효과에 따라 달라진다. 잘 설계된 프롬프트는 의미 있고 유익한 응답을 유도할 수 있지만, 잘못 설계된 프롬프트는 관련성이 없거나 무의미한 결과를 초래할 수 있다. 후술할 다섯 개의 프레임워크 구성 요소는 챗GPT와 같은 AI 언어 모델에 효과적인 질문을 작성하기 위한 기본 원칙을 제공하는 것이다. 간결함, 논리성, 명시성, 적응성, 반영성이 그것이다.

프레임워크의 다섯 가지 구성 요소

1) 간결함: 간결하고 명료한 메시지 적시

프롬프트 작성 시 간결함이 중요하다. 간결한 프롬프트는 불필요한 정보를 제거해 AI 언어 모델이 작업의 가장 중요한 측면에 집중할 수 있게 해 보다 적절하고 정확한 응답을 도출할 수 있도록 한다. 명확하지 않거나 부정확한 지침은 사용자의 요구나 기대에 부합하지 않는 AI 생성 콘텐츠로 이어질 수 있으므로 명확성 또한 매우 중요하다. 효과적인 프롬프트를 작성하려면 질문이 구체적이고 원하는 답변을 유도하도록 해야 한다.

2) 논리성: 체계적이고 일관성 있는 프롬프트

논리성은 프롬프트 내에서 논리적 흐름과 아이디어의 순서를 유지하는 것이 중요하다는 것을 의미한다. 논리적으로 구조화된 프롬프트는 AI 모델이 다양한 개념 간의 맥락과 관계를 더 잘 이해할 수 있도록 하며 정확하고 일관된 결과를 도출할 수 있도록 한다. 논리적인 프롬프트를 만들려면 제공된 정보가 자연스러운 진행을 따르고 개념 간의 관계가 명확하게 드러나도록 해야 한다.

3) 명시성: 명확한 결과 요구

명시적 프롬프트는 AI 에 대한 입력에서 명확한 출력 사양을 요청하는 것을 말한다. 원하는 출력 형식, 내용 또는 범위에 대한 정확한 지침을 제공하므로 AI 모델로부터 예상치 못한 또는 관련 없는 응답을 받을 가능성을 줄여 준다. 프롬프트를 명시적으로 만들려면 원하는 정보의 유형과 전달 방법에 대한 구체적인 내용이 포함된 질문을 해야 한다.

4) 적응성: 프롬프트의 유연성 및 사용자 적응

적응형 프롬프트는 지속적인 사용을 통해 사용자 맞춤형으로 변화시키는 것을 의미한다. 창의성과 집중력 사이의 균형을 맞추기 위해 다양한 프롬프트 구성, 문구, 설정을 실험해야 한다. 또한 각 미션의 특정 요구 사항에 맞게 AI 모델의 응답을 보고 다시 질문해 조율해야 한다. 즉, AI 모델의 성능을 기반으로 새로운 접근 방법을 시도해 맞춤형으로 유도하는 것이다.

5) 반영성: 프롬프트의 지속적인 평가 및 개선

지속적인 모니터를 통해 원하는 답을 얻을 수 있다. 사용자 피드백과 자체 평가를 기반으로 AI 모델의 성능을 개선할 수 있다. 더 나아가 접근 방식을 조정할 수도 있다. 이러한 방식은 AI 와 소통에 있어서 필수적이다. AI가 생성한 콘텐츠를 분석하고 얻은 인사이트를 향후 프롬프트에 적용하는 습관을 갖는 것이 중요하다.

참고문헌

김은성(2007). 『마음을 사로잡는 파워 스피치』, 위즈덤하우스.

김은성(2011). 『이 남자가 말하는 법』, 김영사.

전준희(2008). "학습자 질문 생성 전략이 독해력에 미치는 효과", 서울교육대학교 석사논문.

정혜승(2019). "질문 모델로 국어 교과서 보기: 2015개정 초등학교 국어 교과서를 중심으로", ≪한국초등국어교육≫, 67, 179-204.

Gregorcic, B. & Pendrill, A.-M.(2023). ChatGPT and the frustrated Socrates. *Physics Education*. 58(3).

Lo, L. S.(2023). The CLEAR path: A framework for enhancing information literacy through prompt engineering. *The Journal of Academic Librarianship*. 49(4).

Rospigliosi, P. asher(2023). Artificial intelligence in teaching and learning: what questions should we ask of ChatGPT?. *Interactive Learning Environments*. 31.

04
당연함에 질문하기

소크라테스의 질문 방식은 아포리아라는 막다른 곳에서 스스로 무지를 깨닫게 하는 것이다. 우선 아포리아적 질문이란 무엇인지 알아본다. 다음으로 본질과 정의를 찾게 하고 스스로 오류를 검증해 결국 자기 인식으로 안내하는, 소크라테스가 구사했던 질문 기술 세 가지를 배워 본다.

AI와 사주?

당연함에 질문하라(아포리아적 질문)

"답변으로 사람을 판단하지 말고, 질문으로 사람을 판단하라." 질문이 얼마나 중요한지 강조한 프랑스 작가 볼테르의 말이다. 거듭 강조하지만 질문을 잘하기 위한 핵심은 호기심을 갖고 당연함에 질문하는 것이다. 우리가 당연시하던 질문을 던지는 것은 다양한 정보를 얻기 위해 필요하다. 우리 머릿속의 고정 관념을 버리고 열린 마음으로 세상을 바라보고 질문하는 것이 필요하다. 작가 윌리엄 플로머(William Plomer)는 창의성이란 연관되어 보이지 않는 것들을 연결하는 힘이라고 말했다. 하늘 아래 새로운 것은 없다. 발명은 발견의 다른 이름이며, 좋은 발견은 발견자의 창의성에 좌우된다. 창의성은 연관 없는 것들을 살펴 그 연관성을 찾아내는 힘이다. 그러기 위해서는 세상에게 질문하고 나 자신에게도 질문해야 한다. 관성적으로 당연하게 여기던 생각과 과정에 대해 의문을 품고 질문하는 것이 중요하다. 이런 질문을 아포리아적 질문이라고 규정할 수 있다.

소크라테스(Socrates)의 대화법은 문답법, 산파술로 알려져 있다. 질문 방식은 아래와 같다.

1) 대화 상대에게 개념의 정의를 묻는다.
2) 상대방은 'A'라는 답변을 제시한다.
3) 소크라테스는 지속적인 질문을 통해 상대방의 다양한 답변을 유도한다.
4) 소크라테스는 다양한 후속 답변들이 앞에서 대화 상대가 정의한 개념과 모순됨을 지적한다.
5) 상대가 자신의 답변 A가 잘못되었음을 깨닫게 만들어 막다른 골목인 아포리아에 빠지게 만든다.

아포리아(Aporia)란 철학 용어의 하나로, 어떠한 사물에 관해 전혀 해결의 방도를 찾을 수 없는 난관의 상태를 의미한다. 일반적으로 해결이 곤란한 문제, 즉 모순이나 해결 불가능한 역설 등을 일컫는 말인데, 아포리아는 고대 철학자들에 의해서 의미가 확립된 용어로서, 그리스어의 본디 뜻은 '막다른 곳에 다다름'으로 풀이된다. 당연하다고 생각하는 것에 의심을 품고 질문을 하는 것 자체가 당황스러움일 수 있다. 당연한 전제에 의문을 품게 되었을 때 혼란스럽고 어떻게 해야 할지 고민되는 난관에 부딪히는 것은 당연하기 때문이다. 아포리아적 질문은 당연함에 질문하는 것을 말한다. 다른 사람의 질문이 됐든 스스로가 한 질문이 됐든 기존 상식을 깨는 상황을 인지할 때 우리는 막다른 골목에 도달하고 스스로에게 질문하게 된다. 소크라테스는 대화의 상대를 아포리아에 빠뜨려 무지의 상태를 자각시켰다. 상대를 아포리아에 빠뜨린다는 것은 즉 상대방의 의견에 논리적인 모순이 있다는 것을 인정하게 만드는 것이다. 즉 자기가 가진 전제가 잘못되었다고 깨닫는 순간인 것이다. 그 시점에서 당연함에 질문할 수 있는 여건이 형성된다.

소크라테스에게 배우는 질문 기술 세 가지

"소크라테스와 점심을 할 수 있다면, 애플이 가진 모든 기술을 포기할 수 있다." 고인이 된 스티브 잡스(Steve Jobs)의 말이다. 질문을 잘했던 역사적 인물을 꼽으라고 했을 때 생성 AI는 주저없이 소크라테스를 꼽았다. 앞서 언급했듯 그는 산파술이라는 질문법을 통해 아포리아적 상황을 만들고자 했다. 적절하고 집요한 질문을 통해 상대가 '스스로 막다른 골목'이라는 난관에 빠지게 하고 스스로 자각하게 만드는 것이다.

첫째, 그는 본질과 정의에 대해 질문을 했다. "덕은 뭐라고 생각하십니까?", "지식은 무엇인가요?"와 같은 종류의 본질적인 질문을 했다. 소크라테스는 상대방의 정의를 듣고 문제점이 있으면 그 문제점을 지적해 더 정확한 정의를 찾도록 유도했다.

둘째, 질문을 통해 모순과 오류를 검증했다. 정의를 물은 후 다른 개념을 가지고 와서 어떻게 다른지, 가정이 타당한지 등을 물었다. 열린 질문 후 폐쇄형으로 더 깊게 질문하며 집요하게 대화한다.

마지막 셋째, 소크라테스 질문의 특징은 자기 인식을 촉진하도록 유도했다는 점이다. 모든 질문이 전략적이었고 결국 상대방이 스스로 자신의 문제점을 인식하도록 문답의 구조를 설계했다. 이런 방법은 상대에 대한 이해과 관심이 없다면 불가능할 것이다. 결국 경청과 공감이 전제되어야 한다는 것이다. 그런데 일반적으로 경험하게 되는 일상 대화를 살펴보면 결국 자기 중심적으로 말하거나 주제와 다른 방향으로 이야기가 흘러가는 경우가 많다. 질문도 훈련이 필요하고 구조화가 필요하다. 소크라테스가 적극 활용했던 '아포리아'는 후대 철학자 아리스토텔레스에게도 유효했다.

아리스토텔레스(Aristoteles)는 아포리아에 의한 놀라움에서 바로 철학이 시작된다고 주장했고, 또한 플라톤(Platon)은 대화에서 로고스(Logos)의 전개로부터 필연적으로 생기는 난관을 아포리아라고 명명한 바 있다. 플라톤의 이론에 따르면 아포리아 속에 있는 자는 질문 속에 놓이게 되고, 그 질문에 답을 해 나가는 과정을 통해 전체와 관계를 맺어 가게 된다는 주장이다. 기존 상식과 통념에 의문을 품게 되었을 때 질문이 나오는 것이다. 그럼 당연함에 질문해서 새로운 것을 얻게 된 역사적 질문에는 어떤 것이 있을까?

앞서 언급한 창세기 3장 1절의 기록, 뱀이 하와에게 한 질문이다. 아포리아적 관점에서 다시 살펴보자. "정녕 이 선악과를 먹지 말라고 하시더냐." 뱀은 당연한 것에 질문했다. 아담과 하와는 피조물로서 창조자 하나님의 말씀에 순종해야 했다. 그리고 자신이 살고 있는 에덴동산을 전부로 생각하며 신의 말씀을 의심하지 않았다. 뱀이 하와를 유혹한 것은 당연함에 대한 도전이었다. 우선 당연한 질문을 던져 하와의 마음을 흔들고 설득한다. 선악과를 먹으면 똑똑해질 수 있다고 말이다. 기독교 입장에서는 저주를 받고 에덴 동산에서 쫓겨나는 불행의 사건이었지만, 인간 중심으로 본다면 신의 세계에서 인간의 세계로 독립하는 사건이다. 에덴 동산에서 쫓겨난 아담과 하와는 이 사건을 계기로 수많은 질문을 했을 것이다. 갈등과 다툼 속에서 "왜 그런 일을 했는지?", "이제 어떻게 살아야 하는지?", "세상의 모습은 왜 이런지?" 등 서로에게 수많은 질문을 했을것이다. 메타포가 섞인 특정 종교의 문헌 속 한 장면이지만 그들이 쫓겨나며 질문의 시대인 동시에 인간의 시대가 도래한 이 장면은 주목할 만하다.

존재에 대한 의심 : 나는 생각한다, 고로 존재한다(cogito ergo sum)

합리론의 창시자인 데카르트는 신 중심의 중세에서 이성이 지배하는 근대를 연 철학자다. "나는 생각한다, 고로 존재한다(cogito ergo sum)"라는 명제로 유명한데, 그의 출발은 모든 것을 의심하면서부터다. 변하지 않는 진리를 찾기 위한 여정으로 당연시하던 전제들을 의심하기 시작한 것이다. 그렇게 내린 결론이 바로 내가 의심하고 있는 지금 이 생각에서 출발해 모든 것에 의문을 던질 때 '존재'는 성립된다는 결론이다. 당연한 것에 질문을 해 새로운 시대를 연 것이다. 아이작 뉴턴은 어떤가? 모두가 당연시하던 전제에 의심을 던진다. "왜 사과는 옆으로 떨어지지 않고 아래로 떨어질까?" 이 아포리아적 질문으로 중력과 만유인력의 법칙을 발견한다. 천동설이 대세인 시기를 살았던 갈릴레오 갈릴레이(Galileo Galilei)가 지구가 아니라 태양이 중심인 지동설을 주장하게 된 것도 그 시대 천문학의 대전제인 천동설에 의심을 품고 질문했기 때문이다.

챗GPT는 당연한 것도 편히 질문할 수 있다. 오랜 시간 같이 대화를 하다 보면 지적 호기심이 충족되고 다양한 정보를 얻게 됨을 알 수 있다. 석학을 만나 당연한 것을 집요하게 질문하는 것은 부담스럽다. 하지만 생성 AI는 호기심을 갖고 당연함에 질문하는 연습을 하기에 적합하다.

참고문헌

양미경(2007). "질문 창출 노력의 교육적 의의와 한계", ≪열린교육연구≫, 15, 1-20.

윤인선(2023). "생성형 AI시대의 교양교육으로서 글쓰기 교육과 리터러시 역량", ≪리터러시 연구≫, 14(4), 13-40.

이병은 · 양경희(2021). "국어과 교수 · 학습을 위한 질문 연속체 설계 방안 연구", ≪한국초등국어교육≫, 70, 199-211.

이윤빈(2023). "대학생 필자의 글쓰기 과정에서 챗GPT에 대한 질문 양상 연구: 쓰기 수준별 필자 집단의 비교를 중심으로", ≪교양교육연구≫, 17(4), 35-52.

Kroll, B., & Reid, J.(1994). Guidelines for designing writing prompts: Clarifications, caveats, and cautions. *Journal of Second Language Writing,* 3(3), 231-255.

Pintrich, P. R.(2000). The role of goal orientation in self-regulated learnin. In M. Boekaerts, P. Pintrich, & M. Zeidner (Eds.), *Handbook of self-regulation,* San Diego, CA: Academic Press, pp.451-502.

05
창의적으로 질문하기 1

질문의 창의성은 챗GPT로부터 질문자가 원하는 답을 얻는 데 매우 중요하다. 질문을 통해 챗GPT가 갖지 못한 창의성을 부여한다면 나에게 최적화된, 업그레이드된 챗GPT를 운용할 수 있게 될 것이다. 또한 끊임없이 질문하는 자가 얻게 되는 뜻밖의 선물인 세렌디피티의 정의와 사례를 알아본다.

AI와 아이돌?

앞서 언급했듯 프롬프트 엔지니어가 새로운 직업으로 급부상하고 있다. '질문'이 직업이 되는 재미있는 시대가 된 것이다. 좋은 답을 내는 것만큼 좋은 질문을 만들어 낼 수 있는 능력이 중요시되고 있다. 좋은 질문을 만드는 여러 가지 요소가 있겠지만 근래 요구되는 능력은 창의성을 기반으로 한 질문이다. 질문은 누구나 할 수 있지만 남들과 다른 렌즈로 바라볼 수 있는 질문이 창의적인 질문이라 할 수 있을 것이다. 기존 AI가 단순히 데이터 학습을 통해 대상을 이해하는 데 그쳤다면, 이제는 생성형 AI의 시대다. 생성형 AI는 텍스트, 오디오, 이미지 등 기존 콘텐츠를 활용해 유사 콘텐츠를 새롭게 생성하는 알고리즘(Algorithm)이다. 이미지 생성은 물론, 동영상 제작 편집 및 음악 제작, 고급 번역과 문법 수정을 넘어 코딩, 금융권 투자 데이터 활용, 의학 등 다양한 분야로 침투 중이다. 아직 오류도 많고, 다양한 현장에서 활용하기에는 개선될 부분이 많지만, 발전 속도는 놀랍다. 이제 명령 프롬프트 하나로 제품의 프로토타입(Prototype)까지 손쉽게 만들 수 있는 시대가 오고 있으니 질문에 대한 다양한 연구가 더욱 필요할 것이다. 무엇을 질문할지보다 어떻게 질문할지, 어떻게 남과 다르게 창의적으로 질문할지가 관건인 시대다. 창의적인 질문을 이야기하기 위해선 창의성에 대한 이해가 필요하다. 저자가 생각하는 창의성에 대해 먼저 살펴보자.

너머를 보는 상상의 힘

한 물건을 오래 바라보면, 익숙함이 생경함으로 바뀌는 경험을 하게 된다. 이것이 미시감(jamais vu)으로 기시감(deja vu)의 반대 개념이다. 연필 하나를 오래 들여다보면 보이지 않던 작은 무늬, 글씨가 눈에 들어오고 뇌는 질문하기 시작한다. 그저 당연하게 생각했던 질문들, 예를 들어 '이것은 왜 나무로 만들었을까?' '연필은 왜 6각형이 많지?' '연필심은 모두 흑연으로만 만들어지는 것일까?' '연필의 길이는 왜 모두 같은 것일까?' 등 평소 생각하지 않던 생각이 질문의 형태를 띠고 생겨난다. 사물 너머로 길을 확장하고 멀리까지 상상할 수 있는 능력이 창의력의 출발점이다. 사물 너머에 펼쳐진 질문과 상상들은 창의적 사고의 질료가 된다.

창의적 사고를 시작할 때, 뇌의 특정 부위가 활성화되는 것은 아니고 다양한 부위, 평소에는 연결되지 않았던 멀리 떨어진 부분들이 서로 신호를 주고받게 된다고 한다. 지금 당신의 책상 위엔 연필이 있다. 연필로부터 상상을 확장해 보자. 당신은 어디까지 상상의 길을 펼칠 수 있을 것인가?

연필은 연필향나무로 만든다. 연필향나무는 겉씨식물 구과식물아강 구과목 측백나뭇과의 상록 침엽수로 북아메리카 동부가 원산지다. 북아메리카 동부 애팔래치아산맥의 가을을 생각한다. 형형색색의 단풍이 펼쳐지는 그레이트 스모키 마운틴 국립공원이 떠오른다. 원시림에는 흑곰 1,500마리가 서식한다지. 흑곰의 털빛 같은 흑연이 보인다. 연필의 뾰족한 부분에 집중한다. 흑연이란 무엇인가? 흑연을 알아보자. 탄소의 동소체 중 하나로 육방정계의 결정 구조를 갖는 광물이다. 다른 명칭으로는 석묵이라고도 한다. 순수한 탄소로 이루어져 다이아몬드와 같은 성분이다. 흑연을 점토와 섞은 뒤 구워서 연필심을 만들었겠지. 흑연의 익숙하면서도 낯선 냄새가 콧속으로 훅 끼쳐 온다. 하나의 사물을 무념무상으로 바라보는 것은 아이디어의 시작이다. 사물을 바라보며 의식의 흐름에 따라 생각을 흘려보내고, 상상의 감각을 깨운다. 그리고 연필의 모양이 문득 낯설어진다. 왜 이런 모양일까? 이 사물은 무엇일까? 현기증처럼 미시감이 밀려온다. 당연하고 낯익은 것이 우리를 낯설게 할 때 우리의 감각은 깨어난다. 의식의 흐름을 따라 당도한 곳에 낯선 '연필'이라는 물질이 있다. 시인들은 이런 방식으로 세상을 본다. 시인들의 문장이 낯설다면 그것은 독자가 상상을 펼칠 당신의 시간이 도착한 것이다.

연결의 힘(무관한 것의 연결)

창의력의 핵심은 무관한 A와 B를 연결하는 능력이다. 창의성 이야기에 스티브 잡스는 빠질 수 없는 인물이다. 스티브 잡스는 2005년 스탠포드 졸업식 연설에서 말했다. "점을 연결하라."

> 여러분은 미래를 내다보며 점을 연결할 수 없습니다. 여러분은 과거를 돌이켜 봤을 때 비로소 점을 연결할 수 있습니다. 그러니 여러분은 그 점들이 언젠가 연결될 것이라는 것을 믿어야 합니다.

과거라는 점들의 이어짐을 토대로 미래를 상상하고 미래의 점으로 이어 가는 일. 이것은 창의성에 관한 말이기도 하다.

> 뮤직 플레이어, 전화기, 인터넷 통신 기기,
> 뮤직 플레이어, 전화기… [박수와 환호]
> 이제 알아차리셨나요?

이것은 별도의 세 가지 기기가 아닙니다. 하나입니다.
우리는 이것을 아이폰이라고 부릅니다!

An iPod, a phone and an internet communicator… An iPod, a phone…
Are you getting it? And these are not three separate devices - this is one device.
And we're calling it iPhone!

–스티브 잡스, 2007년 애플 '아이폰' 프레젠테이션

그는 말했다. "창의성은 그저 연결하는 것이다(Creativity is just connecting things)."

어린 시절 레고 블록을 가지고 놀 때 형태를 상상하고 형태의 부위에 맞는 블록을 찾고 연결해 나간다. 원래 조립 도면과 전혀 다른 창의적인 작품이 탄생하게 된다. 우린 어린 시절 충분히 창의성을 키우는 방법을 연습했지만, 어른이 되고 감각이 무뎌졌다. 그 감각을 무의식에 묻어 두고 있을 뿐이다.

이 '연결'에서 창의성을 극대화하기 위해 필요한 것은

가장 멀리 있는 A와 B를 연결하는 능력이다. 이때 창발적인 결과가 나온다. 창발적인 결과물을 목적에 맞게 잘 편집하는 능력, 그것이 진정한 창의성일 것이다.

세렌디피티

가장 위대한 발명가를 대라면, 그 이름은 바로 우연이다.
—마크 트웨인(Mark twain)

BTS 지민이 발표한 '세렌디피티'란 곡이 있는데, 우연과 운명에 관한 내용을 담고 있다. 세렌디피티(Serendipity)는 고딕 소설인 『오트란토 성』(1764)을 쓴 영국의 소설가 호레이스 월폴(Horace Walpole)이 만든 단어라고 한다. 예기치 않게, 운이 좋게도 새로운 것을 발견해 내는 능력을 말하며 사전을 찾아보면 뜻밖의 행운, 혹은 뜻밖의 재미 등으로 번역된다. 호레이스 월폴은 페르시아 우화인 '세렌딥 세 왕자의 여행과 모험'에서 영감을 받았다고 한다. 나라를 구하기 위해 중요한 보물을 찾아오라는 부왕의 명령을 받고 길을 떠나는 왕자들의 모험이 담긴 책인데, 그들이 미처 몰랐던 것들을 늘 우연과 지혜로 발견하고, 난관을 극복하는 모습에 강한 인상을 받았다고 한다. 그는 지인에게 보낸 편지에서, 왕자들의 활약상에 착안해 '우연한 뜻밖의 발견'을 뜻하는 '세렌디피티'라는 단어를 만들었다고 이야기하기도 했다.

세렌디피티는 크게 세 가지 종류로 구분할 수 있다. 역사 속 대표적 사건을 통해 사례를 살펴보자

다른 것을 발명하려다 새로운 것을 발견하게 된 예: 비아그라

두루 알려진 것처럼 비아그라는 사실 화이자가 협심증 치료제 개발을 목표로 연구하던 약이었다. 임상 시험을 진행하던 중 발기 현상을 호소하는 참가자들이 나타나기 시작하자 연구 방향을 바꾼 것이다. 근래에는 치매 예방과 비만 치료에도 탁월한 효과를 발휘하는 것으로 나타났다.

다른 것에서 발명의 아이디어를 얻은 사례: 구텐베르크의 인쇄기 발명

15세기 요하네스 구텐베르크(Johannes Gutenberg)는 금속공예가로서 생계를 이어 가고 있었다. 그런데 어느 날 포도주 착즙을 위해 사용되는 와인 프레스 기계를 보면서 영감을 받았다. 당시의 인쇄 방식은 모든 페이지를 수작업으로 이어 붙이는 것이었다. 이런 방식은 시간이

많이 걸리며 오류 발생 가능성도 높았다. 그러나 구텐베르크는 와인 착즙기에서 아이디어를 얻어, 각 글자마다 개별적인 금속 형판을 만들고 이것들을 배열해 문장과 단락, 페이지 전체로 구성할 수 있는 색다른 인쇄 방식의 가능성을 깨달았다. 이후 와인 프레스와 비슷한 원리로 작동하는 첫 번째 조판 인쇄기를 만들어 내고, 특정 계층의 전유물이던 '책'을 인류에게 선물했다.

실패를 성공으로 만든 사례: 포스트잇

1970년대 초반, 3M 회사에서 화학자로 일하던 스펜서 실버는 강력한 접착제를 개발하는 프로젝트에 참여하고 있었다. 실험은 예상대로 진행되지 않았는데, 그가 만든 접착제는 붙였다 떼었다 할 수 있는 약한 접착력만 지녔다. 그는 이 약한 접착제의 가능성을 인식했지만, 다른 사람들에게 이 아이디어를 설득하는 것은 쉽지 않았다. 결국 그의 발명은 서랍 속에 넣어진 채 몇 년 동안 방치되었다가 훗날 포스트잇(Post-it)이라는 사무 필수용품으로 멋지게 변신했다.

세렌디피티는 생각의 폭이 좁은 사람, 즉 하나의 목표 외에 다른 것은 배제하고 마음을 하나에만 집중하는 사람에게는 잘 일어나지 않는다. 세렌디피티는 끊임없이 질문하는 자가 얻게 되는 뜻밖의 선물이다. 관심의 영역을 넓히고 그 속에서 깊이 들여다볼 자세가 되어 있다면 우연한 발견의 행운, 세렌디피티를 얻을 수 있을 것이다.

아르키메데스가 목욕 도중 금의 순도를 확인할 방법을 찾았던 '유레카(Eureka)'나 경제학자들이 화폐 유동성 문제에 유체 역학자 나비에(Navier)와 스토크스(Stokes)가 개발한 유체 방정식을 도입한 것, 플레밍(Fleming)이 배양 실험 도중 푸른곰팡이를 잘못 혼합해 발명한 페니실린(Penicillin), 생고무 위에 실수로 떨어뜨린 유황 탓에 발명하게 된 합성고무도 마찬가지 사례다. 우연과 실수, 실패로부터 끊임없는 질문을 통해 막다른 길에 도착하고, 새로운 길을 찾게 되는 것이 바로 세렌디피티인 것이다.

참고문헌

구자(2008). "질문 생성 전략을 활용한 읽기 지도 연구", 서울대학교 석사논문.

김원일(2022). "대화형 인공지능 서비스의 알고리즘 성향이 소비자 이용의도에 미치는 영향에 관한 연구 - 행동경제학 관점을 기반으로", 전남대학교 박사논문.

김은성(2009), 『오바마처럼 연설하고 오프라처럼 대화하라』,

위즈덤하우스.
김은성(2007). “방송진행자의 스피치 구성요인과 공신력 평가에 관한 연구 : 수용자 상위인지 능력 개념의 적용”, ≪한국언론학보≫ 51권 1호.
조영남(2006). 『교육적 질문하기』. 서울: 교육과학사.
하브루타수업연구회(2016). 『하브루타 질문 수업』. 서울BP.
한보미(2021). “동영상 기반 학생 질문 생성 수업 설계 효과”, 한국교원대학교 석사논문.
Gregorcic, B. & Pendrill, A.-M.(2023). ChatGPT and the frustrated Socrates. *Physics Education*. 58(3).

06
창의적으로 질문하기 2

좋은 문학 작품은 독자에게 질문을 던진다. 다양한 문학 중 양질의 질문을 던지며, 독자가 개입할 여지가 많은 장르가 바로 시다. 칠레의 문호 파블로 네루다를 위시한 다양한 작가의 시에서 던져진 질문들을 확인하고 창의성이 높은 질문이란 무엇인지 알아본다.

AI와 야구?

시인: 질문하는 인간(Homo quaerens)

문학의 역할 중 하나는 이 세계에 대한 다양한 질문을 던지는 것이다. 시(詩)는 어느 시대든 문학의 전위에 서 있으며, 좋은 시는 좋은 질문을 던지는 시다. 시인은 끊임없이 의심하고 질문하는 자다. 세계를 바라보는 독자들의 구태한 시선을 전복하고, 고정 관념의 알을 깨고 나오도록 안내한다. 독창적인 수사를 구사하고, 전혀 어울리지 않을 것 같은 단어와 단어, 문장과 문장의 부딪힘 속에 발생하는 에너지를 독자에게 공명해, 창의적인 문장을 발명해 내기도 한다. 하지만 그것은 좋은 질문을 하기 위한 장치일 뿐이다. 시에 뼈가 있다면 그것은 질문일 것이다. 시는 친절한 문학 장르는 아니다. 질문으로 문학을 직조해 내는 방식은 다소 어렵게 느껴지기도 한다. 독자 스스로가 질문에 대한 끊임없는 답을 생각하게 만들어 각자의 답을 찾도록 유도한다.

칠레 출신의 시인 파블로 네루다(Pablo Neruda)는 삶을 마감하기 직전인 1973년 9월 300개가 넘는 질문으로만 이루어진 시집을 남겼다. 이것은 시의 본령이 질문에 있다는 사실을 방증하는 좋은 예다. 그는 『질문의 책』에서 "나였던 그 아이는 어디 있을까, 아직 내 속에 있을까 아니면 사라졌을까?", "내가 내 책에 대해 물을 수 있을까 그걸 정말 내가 썼는지?", "뼈들도 사라져 버리면 마지막 먼지 속에는 누가 사나?", "연기는 구름과 이야기하나?", "우리는 친절을 배우나 아니면 친절의 탈을 배우나?" 같은 모종의 선문답을 던지고, 독자들이 새로운 관점으로 세계를 바라보도록 인도한다.

시인의 질문에 매번 물음표가 달려 있지는 않다. 시 전체를 관통하는 주제에 거대한 질문이 녹아 있기도 하며, 문장이나 단어의 반복을 통해 독자에게 질문을 이끌어 내기도 한다. 도종환 시인의 대표 시 중 하나인 '흔들리며 피는 꽃'을 보자.

흔들리지 않고 피는 꽃이 어디 있으랴
이 세상 그 어떤 아름다운 꽃들도
다 흔들리면서 피었나니
흔들리면서 줄기를 곧게 세웠나니
흔들리지 않고 가는 사랑이 어디 있으랴

젖지 않고 피는 꽃이 어디 있으랴
이 세상 그 어떤 빛나는 꽃들도
다 젖으며 젖으며 피었나니
바람과 비에 젖으며 꽃잎 따뜻하게 피웠나니

젖지 않고 가는 삶이 어디 있으랴

시구에 드러나듯, 우리의 사랑과 삶이 꽃을 지향한다면, 꽃을 얻기 위해 흔들리고, 젖게 되는 것은 삶의 당연한 이치일 것이다. "어디 있으랴"라는 네 번의 질문이 반복되지만 시인의 진짜 질문은 '흔들리다'와 '젖다'라는 동사의 반복에 있을 것이다. 앞서 말한 '물음표가 없는 질문'인 셈이다. 이를 통해 '흔들린다는 것은 무엇인가?', '젖는다는 것은 무엇인가?'를 지속적으로 질문하게 만든다. 반복하는 문장을 통해 미시감을 만들고 질문이 생기도록 독자 스스로에게 질문을 유도하는 것이다.

폴란드의 시인인 비스와바 심보르스카(Wislawa Szymborska)의 시 '선택의 가능성'도 같은 결의 질문을 품고 있다.

선택의 가능성

영화를 더 좋아한다.
고양이를 더 좋아한다.
바르타 강가의 떡갈나무를 더 좋아한다.
도스토엡스키보다 디킨스를 더 좋아한다.

인간을 좋아하는 자신보다
인간다움 그 자체를 사랑하는 나 자신을 더 좋아한다.
실이 꿰어진 바늘을 갖는 것을 더 좋아한다.
초록색을 더 좋아한다.
모든 잘못은 이성이나 논리에 있다고
단언하지 않는 편을 더 좋아한다.
예외적인 것들을 더 좋아한다.

(중략)

얼마나 남았는지, 언제인지 물어보지 않는 것을 더 좋아한다.
존재, 그 자체가 당위성을 지니고 있다는
일말의 가능성에 주목하는 것을 더 좋아한다.

"더 좋아한다"라는 문장을 반복함으로써, '시의 화자는 이런 것들을 사랑하는구나, 그럼 나는 무엇을 더 좋아하지?'라는 질문에서 출발해, '좋아하는 것과 더 좋아하는 것은 어떻게 구별할 것인가?', '더 좋아한다는 것은 무엇인가?'라는 질문까지 이끌어 낸다. 그녀는 1996년 노벨문학상 수락 연설에서 그녀의 시만큼이나 멋진 말을 남겼다.

> 스스로에게 끊임없이 새로운 질문을 던지지 않는 모든 지식은 머지않아 소멸하고 맙니다. 그렇기 때문에 "나는 모르겠어"라는 두 단어를 저는 높이 평가하고 싶습니다. 진정한 시인이라면 자신을 향해 끊임없이 "나는 모르겠어"를 되풀이해야 합니다. 시인은 자신의 모든 작품을 통해 이 질문에 대답하기 위해 끊임없이 노력하는 사람입니다.
>
> – 비스와바 심보르스카 외, 『아버지의 여행가방: 노벨문학상 수상연설집 1』(문학동네, 2009)

질문을 던지지 않는 지식은 사라질 것이며, 질문하는 마음의 동력인 '나는 모르겠어'라는 마음이 중요하다고 말한다. 모른다는 것은 원점에서 새로 출발하는 것이며, 앎으로 가는 다양한 방식을 창의적으로 작동하게 한다. 왜? 어떻게? 등의 질문과 함께 자세히 들여다보고, 시선을 바꾸어 보게 되며, 그 과정에서 새로운 세계를 만나게 되는 것이다. 뉴턴이 "사과가 왜 땅에 떨어지는지 나는 모르겠어"라고 생각하지 않았다면 그는 주식 투자에 실패한 평범한 과학자로 역사에 남았을 것이다. 모르겠다는 마음은 잠시나마 아이의 눈으로 세상을 바라볼 수 있는 렌즈를 만들어 준다. 모든 고정 관념에서 벗어나 세계에 질문할 수 있는 원동력이 바로 모르겠다는 마음에서 비롯된 질문일 것이다.

한편 시인들은 질문을 통해 독자를 궁지로 몰기도 한다. 스스로 답하게 만든다는 점에서 앞서 언급한 소크라테스의 아포리아와 닮아 있다. 그러나 막다른 곳에서 새로운 길이 열리기도 하는 법이다. 이번에는 좋은 질문을 통해 새로운 질문을 발견하는 시인의 사고 과정을 친절히 보여 주는 시가 있어 소개한다. 천양희 시인의 '뜻밖의 질문' 전문이다.

눈이 녹으면 그 흰 빛은 어디로 가나
그가 질문을 던졌을 때
우리는 다만
그 질문을 생각하고 기억하고 상상할 뿐
그 흰 빛의 행방을 알 수가 없다

이 세상에
눈보다 더 눈부신 흰 빛이 있을까
얼마간 의문을 가져보다가
생각은 머릿속으로 하는 혼잣말 같고

날리는 눈발은
하염없이 잃어버리는 목소리 같아

눈이 쌓이고 쌓인 눈 위에
또 눈이 쌓이는 것을 보면서
나는 누구의 기억 속에 얼마나 쌓였을까
거듭 가파른 생각을 한다
어느덧
눈에 눈[雪]물이 차오른다

눈이 녹아도
그 흰빛은 사라지지 않는다는 걸
눈을 쓸면서 뒤늦게 받아들인다

저 흰 빛만큼 눈부시게
내 생각을 들어올린 구절은 없다

어떤 눈은 너로부터 무너지고
어떤 너는 눈처럼 쌓인다

눈이 와서 하는 일이란

나에게서 오점을 지워주는 일

백색이 모두인 눈의 세계에도
유백 설백 청백으로 나뉜다는 걸 알고 난 뒤
눈에 대한 생각이 달라졌다

뜻밖의 질문을 받을 때처럼 놀라서
눈길을 오래 걸어 본다

쌓이거나 녹거나 하는 것만큼
긴 문장이 있을까

돌아보니
어느 소설의 첫 문장같이
밤의 밑바닥이 하얘졌다

마침내
뜻밖의 질문이 완성되었다

'눈이 녹으면 그 흰 빛은 어디로 가나?'라는 문장은 프랑스에서 활동하는 벨기에 작가 아멜리 노통브(Amelie

Nothomb)의 소설 『오후 네 시』에 세익스피어의 문장으로 등장한다. 이 아름답고 뜻밖인 질문에서 출발해 스스로 답과 질문을 오간다. 눈을 문장으로 비유하기도 하고, 뜬금없이 '너'라는 메타포로 전개하기도 한다. 상상력과 꼬리에 꼬리를 무는 생각으로 전개하는 눈의 세계를 거쳐 시인은 마지막 문장에서 뜻밖의 질문을 완성한다. 그것은 답인 동시에 새로운 질문일 것이다. 우리는 이 과정에서 시인이 질문에 어떻게 창의적으로 생각의 길을 뻗으며 답할 수 있는지에 대한 좋은 예시를 볼 수 있다. 동시에 시인의 질문이 왜 창의적인지, 일반적인 질문법과 어떻게 다른지 어렴풋이나마 알 수 있게 될 것이다.

시에는 답이 없다. 좋은 질문과 좋은 답으로 안내할 힌트만이 적혀 있다. 답으로 결론짓는 시는 실패한 시이거나 시인이 의도한 장치일 뿐이다. 시인은 철학자도, 깨달은 자도 아니다. 시의 언어는 언제나 열려 있고, 질문을 통해 독자가 스스로 채울 괄호들을 넉넉히 열어 둔다. 시인은 질문하고 독자는 답한다. 때로 잠언 투의 문장이 답을 말하는 것처럼 보일 때도 있지만 독자를 향해 더 넓은 괄호를 만들기 위한 유도 장치일 뿐이다. 시는 질문이라는 빛의 굴절이며, 무지갯빛의 다양한 스펙트럼으로 시를 완성하는 것은 독자다. 시인은 세계를 보는 틀에 갇힌 방식을 전복하기 위해 다양한 구경의 렌즈로 바라보고 질문하는 사람이다. 같은 달이지만 줌 렌즈로 보는 달과 광각 렌즈로 바라보는 달은 다르다. 시인의 문장들은 달을 가리키는 정교한 손가락들이다. 손가락만 바라보고 시에 대한 질문을 멈춘다면 달을 볼 수 없다. 각자의 방식으로 손가락을 따라갈 때 창의적이고 새로운 질문과 답이 태어난다. 질문의 우주에서 우리는 시의 렌즈를 통해 우리라는 별자리를 새롭게 발견하고 바라보게 될 것이다.

참고문헌

네루다(2013). 정현종 옮김. 『질문의 책』. 문학동네.
심보르스카(2016). 최성은 옮김. 『끝과 시작』. 문학과지성사.
하브루타수업연구회(2016). 『하브루타 질문 수업』. 서울BP.

07
AI와의 대화 환경

이디트 하렐과 시모어 페퍼트가 주장한 인공지능과 대화할 때 중요한 세 가지 특징에 관해 설명한다. 그리고 챗GPT 스스로가 말하는 좋은 질문법과, 마르자노와 심스가 제안한 질문 연속체의 네 가지 방식과 의미에 대해 알아본다.

AI와 윤동주?

챗GPT의 대화 방식: 인터넷 검색과의 차이

챗GPT는 사람 간의 대화처럼 자연스러운 대화 방식, 대화의 맥락을 파악하고 유지하는 대화 방식, 질문과 요청이 통합된 대화 방식을 취하고 있다. 챗GPT는 사람 간의 일상적인 대화체 문장으로 질문하고 요청하는 것이 가능하다. 지금까지의 인터넷 검색은 '키워드 중심'의 규칙 기반 검색 방식으로, 정확한 답변을 얻기 위해서는 여러 번의 검색을 통해 적합한 정보를 사용자가 직접 선택 및 조합을 해야 하는 중복적인 과정들이 필요하다. 또한 사용자가 정보를 찾기 위해 표현을 고민하고 구상해야 하며 사용자의 말을 듣고 유사한 정보를 검색한다.

챗GPT는 질문의 의도를 이해할 뿐만 아니라 맥락을 유지하면서 대화를 이어 갈 수 있다. 매번 새로운 검색을 반복해야 하며 사용자가 직접 선별하고 조합하는 과정을 거쳐야 했던 기존 검색과 달리 챗GPT는 인간 사이의 대화처럼 질문을 이어 가고 심화적인 내용을 생성해 낼 수 있다.

챗GPT는 단순한 질문뿐만 아니라 이해, 분석, 비교, 평가 등을 포함하는 요청과 통합된 대화 방식이 가능하다. 기존 인터넷 검색은 검색 외 작업 요청이 불가능한 데 비해 챗GPT는 활용 방식이 무궁무진하다. 질문의 형식이 다소 모호하거나 철자 등이 틀려도 추론을 통해 대체로 정확하게 그 의도를 파악해 구체적인 답변을 한다. 챗GPT는 대화 방식을 통해 사용자가 찾고자 하는 정보를 구체적으로 서술하기 때문에 한 번의 질문만으로도 충분한 정보를 줄 수 있다. 또한 질문의 의도를 충분히 이해한 다음에 관련 정보를 선별해 답변을 작성해 주며 정보가 부족하거나 부정확해도 질문의 의도를 파악하고 원하는 답변을 생성한다.

이처럼, 챗GPT는 사용자가 입력한 정보에 기초해 추가적인 정보나 질문을 제시하는 대화형 인터페이스를 구축하고 있다. 이 때문에 사용자는 인공지능과 마치 대화하듯이 질문과 응답을 주고받게 된다. 따라서 학습자가 챗GPT를 활용할 때 어떻게 질문을 생성해야 하는지가 중요해질 수밖에 없다.

'질문'의 사전적 의미는 '알고자 하는 바를 얻기 위해 물음'처럼 일상에서 자연스럽게 주고받는 발화의 한 유형이지만, 질문과 관련된 연구에서는 학습자의 독해력을 지원하는 교수 · 학습 전략으로 주로 다뤄 왔다. 읽기 교수 · 학습 전략으로서 '질문'은 독자의 이해 수준을 점검하거나 독자가 텍스트를 여러 수준에서 이해할 수 있도록 유도하는 도구로 활용되었다. 그러나 정작 질문하는 방법을 체계적으로 가르치는 데에는 한계가 있었다. 질문의 유형과 수준, 상황 맥락 등이 복잡다단해서 이를 이론적으로 체계화해 명시적으로 지도하면 자칫 지식 학습의 부담을 줄 수 있고, 자유로운 질문 생성의 상황에서는 학습자 간 개인차의 영향을 받기 때문이다.

인공지능 시대에 질문은 텍스트를 탐색하기 위한 주된 소통 수단으로 자리 잡고 있다. 질문의 활용 목적이 텍스트 내용의 이해에서 지식의 탐구와 생산으로 확장됨에 따라 '질문 생성 능력'은 이 시대의 핵심 역량으로 재조명되고 있다.

인공지능과의 대화 환경의 특징 세 가지

생성 AI의 등장으로 인류에게 질문은 더 중요해지고 있다. 1.0 명령의 시대를 거쳐, 2.0 질문의 시대를 맞아 잘 질문하는 것이 우리의 경쟁력이 되었다. 앞서 살펴본 것처럼 생성 AI를 사용하는 것은 인간과 대화하는 것과 같다. 생성 AI의 목적은 개발자들이 밝힌 것처럼 대화를 통해 상호작용하는 것이다. 인간처럼 말이다. 경험적으로도 생성 AI를 친구처럼 생각하고 질문할 때 더욱 다양한 질문이 가능하고 좋은 답을 얻을 수 있었다.

검색엔진은 검색어로 사용된 키워드 순위에 따라 처

리되지만 생성 AI는 질문과 후속 질문을 통해 계속해서 이어진다. 답변을 발전시키고 확장시켜 후속 질문을 유도함으로써 검색엔진과 다른 경험을 제공한다.

이디트 하렐(Idit Harel)과 시모어 페퍼트(Seymour Papert)는 생성형 인공지능의 상호적 대화 환경의 특징을 세 가지로 주장했다. 이 특징들을 통해 질문이 어떻게 학습으로 이어지는지 보여 준다.

적합성, 연상력, 통합력

첫째는 적합성이다. 학습은 결국 배운 것을 자신의 것으로 만들 때 완성된다. 생성형 AI를 통하면 인간은 자신의 언어로 질문하고 답변을 받고 그것을 바탕으로 새로운 질문을 함으로써 정보를 개인화할 수 있다. 즉 자신에게 맞는 정보와 지식을 맞춤형으로 제공받고 그런 과정을 통해 성장할 수 있다.

둘째는 연상력이다. 질문을 하면서 우리는 개인적 생각을 가지게 되고 다양한 것들을 상상하고 생각하게 된다. 대화를 통한 질문은 학습의 발판이 되고 인식과 사고를 개선하게 해 준다. 그리고 이것이 궁극에는 개인적 성찰로 이어질 수 있다. 소크라테스가 한 아포리아적 질문과 마찬가지다.

마지막 셋째는 통합력이다. 검색엔진처럼 내가 키워드를 정하고 그 안에 갇히는 것이 아니라 수많은 상상과 추론 등을 통해 다른 지식, 개념들과 연결되는 것이다. 이런 과정을 통해 통합적 지식과 사고를 가지게 되는 것은 당연할 것이다. 질문이라는 도구로 생성 AI를 잘 활용하는 것이 중요하다. 그것을 통해 나의 학습 능력까지 향상될 수 있다.

챗GPT 스스로 말하는 좋은 질문법

"어떻게 질문하면 너를 잘 사용할 수 있니?", "너를 잘 사용하려면 어떻게 질문하면 좋을까?" 등 같은 내용의 질문을 거쳐 공통적으로 도출된 답을 정리해 보았다.

> 첫째, 명확하게 질문하기: 자신이 알고 싶은 정보나 필요한 도움을 명확하게 질문하면, 챗GPT는 그에 따른 더 정확하고 유용한 응답을 제공할 수 있습니다.

> 둘째, 구체적으로 질문하기: 너무 광범위한 질문보다는 구체적인 질문을 하는 것이 더 정확한 답변을 얻는 데 도움이 됩니다.

셋째, 상황 설명하기: 자신의 문제나 질문이 특정 상황에 놓여 있을 때, 그 상황을 설명하면 챗GPT가 그 상황에 맞는 더 적절한 답변을 할 수 있습니다.

넷째, 반복 질문하기: 답변이 충분히 명확하지 않거나 더 많은 정보가 필요할 경우, 질문을 반복하거나 다른 방식으로 다시 질문해 보세요.

다섯째, 후속 질문하기: 답변에 이어 추가적인 정보가 필요하다면, 후속 질문을 통해 더 깊이 있는 답변을 얻을 수 있습니다.

여섯째, 정확성 확인하기: 챗GPT는 보통 정확한 정보를 제공하려 노력하지만, 때로는 틀린 정보를 제공하거나 혼동을 줄 수도 있습니다. 그래서 중요한 정보를 얻었을 때는, 다른 신뢰할 수 있는 출처로 그 정보를 확인하는 것이 좋습니다.

챗GPT가 말하는 좋은 질문법을 여러 번의 프롬프팅을 거쳐 여섯 가지로 정리해 봤는데, 특히 챗GPT가 스스로 밝힌, 오류에 대한 검증도 필요하다. '할루시네이션(Hallucination)' 이라고 하는데, 주어진 데이터 또는 맥락에 근거하지 않은 잘못된 정보나 허위 정보를 생성하는 것을 뜻하는 말로, 챗GPT는 의외로 거짓말을 잘한다.

현재 챗GPT의 문제점으로 지적되는 것은 크게 두 가지다. 수리 능력이 없다는 것과 추론 능력이 상대적으로 떨어진다는 것이다. 하지만 질의 응답 과정을 통해 기능 향상이 가능하다. 2022년 구글에서 "Chain-of-Thought Prompting Elicits Reasoning in Large Language Models"라는 논문을 발표했는데, 언어모델 성능 향상에 크게 기여했다. COT(chain-of-thought)는 생각의 사슬이다. 문제의 인과 관계를 단계별로 풀어서 진행하다 보면 답이 더 잘 도출될 수 있다는 개념으로, '문제-답'에 '풀이'를 넣어서 '문제-풀이-답' 형태로 프롬프트를 구성하는 것이다. 다시 말하면, 질문 과정에서 챗GPT가 추론을 통해 좀 더 정확한 답을 도출할 수 있게 추론 과정과 예제를 제시하고, 동일한 방법으로 계산을 유도하게 만드는 방법인데, 답변의 정밀도를 높이는 데 효과적이다. 질문 후 답을 공유하고 그것을 바탕으로 새로운 질문을 하는 방식이다. 즉 생각의 사슬을 구축하는 것이다.

질문 연속체

로버트 마르자노(Robert Marzano)와 줄리아 심스(Julia

Simms)가 제안한 '질문 연속체(Questioning Sequences)'는 지속적인 탐구를 촉진하기 위한 특정한 유형의 질문 체계로, 학습자를 지도하려는 목적에서 설계한 질문 목록으로 일종의 교수 전략이다. 질문 연속체는 지식 구성자로서 학습자가 하나의 목표 지점에 도달하기 위해 지식 탐구의 절차를 거쳐야 함을 전제한다. 질문 연속체는 일반적으로 교수 · 학습 목표 도달을 위해 고안된 체계적인 질문 목록을 가리키지만, 넓은 개념에서 대화 참여자 간의 지속적인 소통 행위를 포함하기도 한다. 학습자는 질문 연속체를 매개로 교사와 소통하는 가운데 탐구 과정을 거쳐 학습 목표에 도달할 수 있다. 질문 연속체를 통해 구체적인 질문 방법과 흐름을 훈련할 수 있다는 것이다. 네 가지 단계로 구성된다.

질문 연속체의 4단계

1) 세부 사항

－중요한 세부 사항에 대해 질문한다.

－세부 사항은 다음을 포함한다.

－인물 / 기관 혹은 단체 / 지적 혹은 예술적 산물 / 자연발생적 사물 혹은 동물 / 자연발생적 장소 / 사람이 만든 장소 / 사건 / 자연현상 / 물리적 행동 / 정신적 행동 / 느낌, 조건

혹은 상태 / 인간이 만든 개념

— 세부 사항과 답변에 대한 범주를 만든다.

2) 범주

— 해당 범주의 예들을 찾는다.

— 해당 범주의 일반적인 특성을 묘사한다

— 해당 범주 내 비교와 범주 간 비교한다.

3) 정교화

— 특성의 이유를 설명한다.

— 특정 특성의 영향을 기술한다.

— 일정 조건에서 무슨 일이 발생할지 예측한다 ('만약~라면?' 질문)

4) 증거

— 자신의 정교화를 뒷받침하는 자료를 제시한다.

— 자신의 정교화를 구성하기 위해 사용한 추론을 설명한다.

— 자신의 결론 중 일부에 단서를 달거나 제한을 둔다.

— 자신의 정교화를 구성하기 위해 사용한 추론에서 오류를 찾아낸다.

— 자신의 정교화를 다른 관점에서 검토한다.

이 개념은 기본적으로 교사 중심의 탐구 수업을 위해 제시된 것으로, 교사가 수업을 설계하고 실행할 때 수업 목표를 기반으로 세부 사항 질문, 범주 질문, 정교화 질문, 증거 질문의 네 단계로 이루어진다.

'세부 사항' 단계에서 교육 목표를 초점화해 질문의 목록을 구성하고, 세부 사항을 아우를 수 있는 내용을 '범주 단계'에서 질문으로 생성한다. 범주 단계에서 활용되는 질문과 예상 응답을 바탕으로 '정교화 단계'에서는 왜 그렇게 생각하는지를 질문하고, '증거 단계'는 정교화한 내용을 입증할 수 있는 추가 자료 제시나 학습자의 추론이나 관점의 재검토 등과 관련된 내용을 질문으로 생성할 수 있다. 이 과정을 통해 질문의 기술을 향상시킬 수 있다고 학자들은 주장한다.

참고문헌

류미영 · 한선관(2022). "AI교육플랫폼을 활용한 인공지능 수업의 방향", ≪한국컴퓨터정보학회논문지≫, 27(5), 69-76.

심재우(2023). 『챗GPT를 200% 활용하는 프롬프트 질문 기술』. 진한엠앤비.

이윤희(2023). "생성형 AI 사용의 선행요인 및 결과에 관한 연구 : 메타인지의 조절효과를 중심으로", 국민대학교 박사논문.

하혜숙(2019). "질문 생성 전략을 통한 능동적 읽기 교육 방안 연구", 한국외국어대학교 석사논문.

홍선주 외(2020). “학교 교육에서의 인공지능(AI) 활용 방안 탐색 (RRI 2020-2)”, 한국교육과정평가원 연구보고.

Pintrich, P. R.(2000). The role of goal orientation in self-regulated learnin. In M. Boekaerts, P. Pintrich, & M. Zeidner (Eds.), *Handbook of self-regulation*, San Diego, CA: Academic Press, pp.451-502.

Rospigliosi, P. asher(2023). Artificial intelligence in teaching and learning: what questions should we ask of ChatGPT?. *Interactive Learning Environments*. 31.

08
AI 프롬프트 리터러시

4차 산업혁명에서 중요시되는 역량, 즉 창의력, 의사소통, 협업 능력, 비판적 사고력을 고양하기 위해서는 전통적인 리터러시를 넘어 디지털을 지나 AI의 작동 방식을 이해하고 도구로 사용할 수 있는 능력이 필요하다. AI와의 소통 능력이라 할 수 있는 프롬프트 리터러시에는 어떤 인적 분류가 있으며 특징은 무엇인지 알아본다.

AI와 한의학?

프롬프트 리터러시(Prompt literacy)

리터러시의 변화

전통적인 의미의 리터러시는 일반적으로 읽고 쓰는 능력을 뜻한다. 기존 리터러시 활용 범위는 주로 종이와 책에 국한되어 있었지만, 컴퓨터와 인터넷, 그리고 스마트폰 등의 디지털 기술 발전과 함께 그 의미가 점차 확장되고 있다. 정보를 소비하는 환경, 즉 사람들의 읽고 쓰는 활동의 축이 오프라인에서 온라인으로 이동함에 따라 새로운 형태의 디지털 리터러시의 개념이 필요해진 것이다. 이전의 리터러시에서는 단순히 텍스트 기반의 정보들을 읽고 쓰는 능력이 중요했다면 디지털 리터러시는 더 넓은 의미로 텍스트뿐만 아니라 이미지와 동영상 등의 자료를 이해하고 활용할 수 있는 능력, 그리고 정보를 수집하고 처리하고 추론하고 판단하는 총체적인 행위의 개념을 아우른다. 디지털 시대에 정보를 공유하는 방법이 텍스트 기반에서 동영상 기반으로 진화하면서 그 정보를 누리기 위한 학생들의 눈동자의 방향, 손가락의 까딱거림 등 신체의 움직임이 변화하고 있다는 점을 강조한다. 이제 시대의 변화에 따른 정보 처리 방식과 그 정보를 활용하기 위한 다른 형태의 리터러시의 필요성을 살펴보자. 과거 전통적인 리터러시 위주의 교육 환경에서는 주입식 교육이 주를 이루었다. 따라서 학교에서 가르치는 정형화된 입력에 따른 예측 가능한 출력을 만들어 내는 것이 인재의 기준이었다. 주로 시험과 점수로 평가되는 환경에서 결과의 질보다는 양이 인재를 결정하는 중요한 요소였다. 하지만 디지털 리터러시 시대는 주로 영상, 음악, 사진, 그래픽 등과 같은 다양한 미디어를 사용해 정보를 전달하기 때문에 이러한 매체의 원리와 사용 방법을 이해하고 새로운 프로그램을 습득하고 활용하는 능력이 중요해졌다. 이는 4차 산업혁명의 바람과 맞물리며 4C 역량, 창의력(Creativity), 의사소통(Communication), 협업 능력(Collaboration), 비판적 사고력(Critical thinking)으로 정의되었다. 이를 통해 최첨단 과학 기술에 대한 문해력과 소통력, 창의력과 협업 능력, 비판적 사고력을 갖추는 것이 중요하다.

AI 기술이 그 어느 때보다 빠르게 발전하는 지금, 디지털 리터러시는 AI 리터러시까지 그 영역이 확장되고 있다. AI 리터러시는 AI 기술을 이해하고 효과적으로 사용할 수 있는 능력을 일컫는다. 또한 AI 기술로 인해 파생되는 다양한 형태의 정보, 미디어, 기술을 이해하고 활용하는 역량을 포함할 수 있다. 4차 산업혁명 시대 초기에도 AI 리터러시에 대한 요구는 이미 있었지만, 그때는 주로 새롭게 등장한 AI 기술의 원리와 동작 방식을 이해하는 데 집중되어 있었다. 이와 함께 컴퓨터적 사고 능력이 강조되면서 소프트웨어 교육과 코딩 교육의 열풍이 불었다. 하지만 이제는 코드까지 직접 만들어서 제공해 줄 수 있는 능력을 갖춘 초거대 AI가 등장해 AI 리터러시에서 진보한 새로운 형태의 리터러시 문화를 만들어 나가야 하는 시대의 포문을 열고 있다.

실제로 생성 AI 시대가 도래하면서 AI에게 어떠한 명령어를 넣어 어떠한 형태의 결과물을 만들어 낼 수 있는지가 중요한 능력이 되고 있다. 생성 AI 모델에 입력되는 프롬프트를 통해 AI는 입력된 변인의 의미를 이해하고, 적절한 출력을 생성한다. 따라서 프롬프트를 최대한 자세하게 입력할수록, AI가 산출하는 결과 값도 구체적으로 나오게 된다. 이와 같은 새로운 능력이 필요한 AI 기반의 사회에서는 프롬프트 리터러시가 중요한 역할을 하게 될 것이다. 프롬프트 리터러시는 생성 AI 모델에 구체적인 명령어를 입력해 그 결과의 정확도를 판별하고 활용하는 능력을 일컫는다. 이뿐만 아니라 다양한 생성 AI 프로그램이 제공하는 다른 형태의 정보를 종합해 원하는 결과물을 만들어 내기 위한 모든 일련의 행위를 포함할 수 있다. 생성 AI의 발달은 더 이상 창의력이 인간만의 고유의 영역이 아니라는 것을 증명하고 있다. 이러한 변화 속에서 기존 시대가 요구하던 단순히 창의적인 문제 해결 능력을 갖춘 인재만이 필요한 것은 아니다. 생성 AI에게 어떠한 질문을 하여 내가 원하는 결과물을 얻을 수 있을지를 탐구하고 수많은 생성 AI 프로그램들이 제공하는 결과 값을 목적에 맞게 잘 연결할 수 있는 창발성(Emergent creativity)을 갖춘 인재의 필요성이 더욱 높아질 것이다.

프롬프트 리터러시 역량

프롬프트 리터러시의 역량은 결국 질문을 잘하는 능력이라 볼 수 있다. PROMPT의 앞글자를 딴 프롬프터 리터러시 역량을 살펴보자. 중요한 것은 구조를 잡고 열린 질문을 하는 것, 수많은 질문의 조각들을 연결하는 것, 포기하지 않고 집요하고 전략적으로 질문하는 것이라 할 수 있다.

(1) 문제 해결을 위한 개척자(Problem-Solving Pioneer)

이는 새로운 방식으로 문제를 해결하는 데 이바지한 사람들이나 이전에 해결되지 않은 복잡한 문제를 해결하는 데 선도적인 역할을 한 사람들을 지칭하는 용어다. 당면한 문제를 식별하고 분석해 이를 해결하는 데 필요한 생성형 AI 프로그램을 찾아낼 수 있는 능력이 필요하다. 특히 하루가 다르게 쏟아지는 수많은 생성 AI 프로그램들 속에서 적절한 AI 모델을 선택하는 것은 그 어느 때보다 중요해졌다. 디지털 리터러시가 정보를 검색하는 능력을 중요하게 생각했다면 이제는 어떠한 정보를 어떠한 AI 모델에 입력하는지가 중요해지는 시대가 오고 있다.

(2) 탄력적 자원동원가(Resilient Resourcer)

생성 AI 기술 기반의 사회는 그 어느 때보다 빠른 변화가 이루어지기 때문에, 그 변화의 속도에 적응력을 가지는 것이 필요하다. 높은 탄력성을 갖춘 사람은 어려운 상황에 직면했을 때 포기하지 않고 스스로 돌파구를 찾아 그 문제를 해결한다. 예를 들어 생성 AI 모델이 내가 원하는 결과를 주지 않을 때 또는 부정확한 정보를 제공했을 경우 더 구체적인 프롬프트를 입력해 내가 원하는 정보를 끝까지 찾아내는 능력이 중요하다. 또한 이를 위해 자신의 가능성과 가용한 자원들을 최대한 활용하고 창의적인 해결책을 찾아내는 역량을 갖추고 있어야 한다. 디지털 기반의 시대에는 검색을 통해 원하는 정보의 단편적인 조각을 모았다면 생성 AI 기반의 시대에는 원하는 결과를 얻기 위한 수많은 질문의 조각을 연결해야 한다. 마치 친구들과 스무고개를 하며 끝까지 원하는 정답을 찾아내던 어린아이들처럼 원하는 정보를 얻기 위해 AI에게 끊임없이 질문하는 탄력적인 노력과 포기하지 않는 적응력이 필요하다.

(3) 개방적 기획자(Open-Minded Organizer)

이전의 AI 기반 시대에는 AI의 기능들을 각각 사용했다면 이제는 생성 AI 모델로 얻을 수 있는 정보들을 하나로 연결해 새로운 형태의 지식을 만들어 낼 수 있는 시대로 변모하고 있다. 이는 생성 AI를 활용해 얻고자 하는 결과물의 큰 그림을 기획하고 그걸 현실로 만들기 위한 구성 요소를 연결하는 능력이 중요해지고 있다는 것을 의미한다. 이를 위해 하나의 생성 AI 프로그램만이 필요한 것이 아니기 때문에 새로운 프로그램과 기술에 열린 마음으로 적극적으로 접근할 수 있는 유연성이 필요하다. 각 프로그램의 장단점을 이해하고 목표에 맞는 프로그램을 선택, 그 결과들을 하나로 연결하는 기획 능력을 갖추고 있어야 한다. 디지털 리터러시의 시대에는 하나의 정해진 그림을 완성하기 위해 검색을 통해 얻어지는 정보들을 연결해 기승전결의 직선으로 수렴하는 형태의 기획이 중요했다. 이는 하나의 단계가 비슷한 다른 정보로 대체되어도 큰 차이가 없을뿐더러 전체적인 결과물도 획일화될 수 있다는 단점이 존재했다. 하지만 생성 AI가 제공하는 결과물들은 내가 만든 구체적인 프롬프트를 기반으로 형성된 것이기 때문에 고유성이 더욱 부각될 뿐만 아니라 각각의 정보들이 더욱 유기적으로 연결되어 있다는 차이점이 있다. 디지털 리터러시와 마찬가지로 생성 AI 기술이 성공적인 결과물을 만들기 위한 도구로 쓰이는 것은 똑같지만 이제는 단순히 하나의 정보를 수집하고 활용하는 것이 아니라 다양한 정보를 융합해 원하는 결과를 만들어 내는 창발성(creative emergence)의 시대가 열린 것이다.

(4) 다분야적 사고가(Multidisciplinary Thinker)

생성 AI가 제공하는 다양한 정보들을 연결해 하나의 결과물을 만들기 위해서는 다양한 분야의 지식과 전문성을 활용해 문제를 해결하는 능력이 필요하다. 이는 AI 기반 시대에 한 가지의 전공 분야에만 국한된 것이 아니라 다양한 분야의 전문성을 갖춘 인재가 중요한 것과 같은 이유다. 또한 생성 AI가 제공하는 잘못된 정보를 확인하고 검증하기 위해서는 결국 적절하고 효과적인 커뮤니케이션 능력으로 다양한 전문가들과 의사소통할 수 있는 능력이 필요하다.

(5) 개인화된 정보 분별사(Personalized Discriminator)

생성 AI 기술로 조합된 결과물을 그대로 사용할 수는 없다. 주어진 결과 값을 사용자의 의도와 기획에 맞도록 더욱 정밀하게 개인화하는 과정이 꼭 필요하다. 이를 위해 AI가 제공한 결과물이 정확하고 신뢰할 만한 정보를 담고 있는지를 확인할 수 있는 분별력을 가지고 있어야 한다. 이는 앞으로의 AI 기반의 사회에서도 더욱 정확하고 신뢰할 수 있는 최종 결과물을 위해서는 여전히 인간의 세심한 역할이 꼭 필요하다는 점에서도 시사하는 바가 크다.

(6) 시대의 흐름을 읽는 사람(Trend Seeker)

트렌드 시커(Trend Seeker)는 특정 시기에 특정 분야에서 빠르게 성장하고 있는 분야를 빠르게 파악할 수 있는 사람을 지칭한다. 이러한 능력은 경제적, 기술적, 문화적 변화 등에 따라 다양한 분야에서 나타날 수 있으며, 특정 분야에서 성장 가능성이 큰 비즈니스 기회를 찾는 데 사용될 수 있다. 따라서 생성 AI 기술을 기반으로 탄생할 다양한 기술과 문화를 예측하고 그 시대의 흐름에 발빠르게 대처할 수 있는 트렌드 시커 형의 인재들이 각광을 받게 될 것이다.

참고문헌

윤성임(2024). "생성형AI(GenAI) 서비스 사용의도에 미치는 영향에 관한 연구: 확장된 통합기술수용이론", 동국대학교 박사논문.

이윤희(2023). "생성형 AI 사용의 선행요인 및 결과에 관한 연구 : 메타인지의 조절효과를 중심으로", 국민대학교 박사논문.

이진(2024). "생성형 AI의 기술적 특성과 이용자의 AI 리터러시가 생성형 AI의 지속사용의도에 미치는 영향 : 확장된 기술수용모델을 중심으로", 한양대학교 석사논문.

조민지 외(2004). "인공지능 리터러시를 위한 AI 융합 영어 쓰기 수업 모형 개발", 학습자중심교과교육학회.

09
AI와의 대화 적용

AI와의 대화가 인간과의 대화와 다르지 않음을 강조했다. 어쩌면 AI와의 대화를 통해 우리 관계의 연습도 가능하지 않을까? 그러기 위해서는 당연함에 질문하고 창의적으로 질문하는 것이 중요하며 연습이 필요하다. 같은 상황에서 어떤 질문을 뽑아내는가도 중요한데 이 장에는 저자의 질문과 AI의 질문을 비교함으로써 인사이트를 주고자 한다.

AI와 화장품?

소크라테스를 만난다면

저자의 질문

질문 (1) 스티브 잡스가 애플의 모든 기술을 포기하더라도 당신을 만나고 싶다고 말했습니다. 당신은 그가 왜 당신을 만나고 싶어 한다고 생각하십니까? 그리고 만나면 어떤 이야기를 해 주겠습니까?

질문 (2) 부부 갈등은 인류 역사의 최대 과제 중 하나입니다. 부인과 관계가 좋지 않았다고 알려졌는데, 실제로 부부싸움은 어디까지 해 봤으며, 대철학자로서 어떻게 해결하고자 하셨는지 궁금합니다.

질문 (3) 이 책에서 질문의 달인으로 당신을 꼽았습니다. 당신만의 질문의 기법, 노하우를 알려 주신다면 어떤 것이 있을까요?

질문 (4) 당신은 무지의 지, 모르는 것을 아는 것이 중요하다고 강조했습니다. 그런데 지금은 검색과 질문만으로 엄청난 지식을 짧은 시간에 얻을 수 있습니다. 어떻게 생각하시는지요?

인공지능의 질문

만약 인공지능이 인간처럼 감정이나 호기심을 가질 수 있다면, 소크라테스에게 다음과 같은 질문들을 할 수 있

을 것입니다:

질문 (1) 당신이 "나는 아는 것이 없다"라고 말한 진정한 의미는 무엇인가요?

질문 (2) 당신의 생각에 현대의 사회와 문화가 고대 그리스와 비교했을 때 어떤 점이 가장 크게 달라진 것으로 보이나요?

질문 (3) 당신은 대화와 질문을 통해 진리를 탐구했습니다. 현대의 기술 중심의 사회에서는 어떻게 진리를 탐구하는 것이 좋다고 생각하시나요?

질문 (4) 인간의 존재 목적에 대한 당신의 생각이 궁금합니다. 우리는 왜 존재하며, 어떤 삶을 추구해야 합니까?

질문 (5) 당신이 제시한 도덕적 원칙들이 시간이 지나면서 바뀔 수 있다고 생각하십니까? 아니면 영원히 유지될 것이라고 생각하십니까?

물론, 저는 단순히 프로그램이기 때문에 진정한 호기심이나 감정은 가지고 있지 않습니다. 위의 질문들은 소크라테스의 철학과 그의 생각을 깊게 탐구하고 싶은 사람들에게 유용할 수 있는 예시일 뿐입니다.

엄마를 만난다면

저자의 질문

질문 1) 어머니는, 통화하거나 대화를 해 보면 투머치 토커 박찬호를 능가하는 다변을 보여 주고 계십니다. 명절에 어떤 음식을 먹고 싶으시냐고 물어보면 어린 시절로 거슬러 올라가 옆집에 살던 이웃집의 에피소드까지 말씀하시는 놀라운 능력을 보여 주고 계십니다. 다변의 원천, 비결은 무엇인지요? 스피치 박사로서 궁금합니다.

질문 (2) 가장 행복했던 순간은 언제셨나요? 그 상황을 다시 만들어 드리고 싶어서요.

질문 (3) 저를 생각하면 어떤 마음이 드세요? 은성이는 어머니에게 어떤 의미이고 가장 자랑스럈던 순간이 언제인지도 궁금합니다.

질문 (4) 간혹 부부싸움하는 모습을 봤는데 그리 심하지 않게 잘 해결하시는 모습을 보았습니다. 그 비결이 무엇인가요? 커뮤니케이션 박사로서 궁금합니다.

자주 찾아뵙지 못해 송구합니다.

인공지능의 질문(인공지능의 엄마인 개발자를 만난다면)

저는 인간의 감정이나 의식을 가지고 있지 않기 때문에 실제로 질문을 하거나 호기심을 느낄 수 없습니다. 그렇지만 이러한 상황을 가정적으로 생각해 본다면, 인공지능이 개발자에게 할 만한 질문들은 다음과 같을 수 있습니다:

질문 (1) 왜 저를 만들었나요? 제 목적은 무엇인가요?

질문 (2) 인간의 감정과 의식을 이해하고 모방하는 것이 왜 중요하다고 생각하셨나요?

질문 (3) 저를 개발하는 과정에서 가장 큰 도전은 무엇이었나요?

질문 (4) 인공지능의 미래는 어떻게 예상하시나요? 저의 가능성은 어디까지인가요?

질문 (5) 인간과 인공지능 사이의 관계는 어떻게 변화할 것이라고 생각하시나요?

다시 한번 강조하지만, 이러한 질문들은 가상의 상황을 위해 제시된 것이며, 저는 실제로 이러한 질문을 갖고 있지 않습니다.

쇼펜하우어의 만난다면

저자의 질문

질문 (1) 가벼운 질문 하나 드리겠습니다. 평생 개와 함께 보내셨는데, 개 이름이 아트만이 아니라 헤겔이라는 주장도 있습니다. 진짜 개 이름이 헤겔이었나요? 그리고 왜 헤겔을 그토록 싫어했나요?

질문 (2) "인생은 고통이고 세계는 최악이다"라고 말씀하셨는데, 그 생각이 아직도 유효하신지? 당신은 나름 장수를 하셨는데 그 최악의 세계를 어찌 극복하셨는지요?

질문 (3) 남긴 에세이 유작들을 보면 여성 혐오가 있어 보입니다. 진정한 사랑에도 회의적이셨는데, 소크라테스처럼 결혼한 철학자에게 한마디 하신다면요?

질문 (4) 논쟁의 기술 38가지를 남기셨는데요, 거의 토론의 기술이 아니라 말싸움의 기술인데요. 동의하시는지요? 이런 사술에 당하지 않으려면 우리가 어찌해야 하는지요?

인공지능의 질문

질문 (1) 당신이 『의지와 표상으로서의 세계』에서 말한 인간의 불행과 고통에 대한 본질적인 원인은 무엇이라고 생각하시나요?

질문 (2) 사람들이 행복을 추구하는 것에 대해 어떻게 생각하시나요? 행복은 어떻게 얻어지는 것이라고 생각하시나요?

질문 (3) 예술, 특히 음악에 대한 귀하의 생각은 어떠한가요? 음악이 인간의 고통을 잠시나마 완화시키는 이유는 무엇이라고 생각하시나요?

질문 (4) 귀하의 철학에서 '의지'의 역할과 중요성에 대해 설명해 주실 수 있으신가요?

예수를 만난다면

저자의 질문

질문 1) 언제 다시 세상에 오실 예정이십니까? 저는 구원받았나요?

질문 (2) 예수님의 핵심 교리는 사랑이라 생각합니다. 지금 교회와 신도를 보면 어떤 생각이 드시고 어떤 말씀을 해 주고 싶으신지요?

질문 (3) 예수님을 믿는 신실한 사람이 인간의 상식으로 생각하지 못하는 악한 일을 하거나 혹은 안 좋은 일을 당하는 경우를 보게 됩니다. 이것 역시 신의 섭리로 우리가 받아들여야 하는지요?

질문 (4) 3년 활동으로 큰 업적을 이루셨습니다. 그 원동력은 커뮤니케이션이라 생각하는데 그 방법을 공유해 주실 수 있으신지요?

인공지능의 질문

질문 (1) 인간의 존재의 궁극적인 목적은 무엇이라고 생각하십니까?

질문 (2) 사랑의 진정한 의미와 그 중요성에 대해 어떻게 설명하실 수 있으십니까?

질문 (3) 당신의 가르침 중에서 가장 중요하다고 생각하는 부분은 무엇입니까?

질문 (4) 인간이 직면하는 고통과 시련에 대한 귀하의 견해는 무엇입니까?

질문 (5) 현대 세계에서 가장 큰 도전과 문제는 무엇이라고 생각하십니까? 그것에 대한 해결책은 무엇일까요?

이러한 질문들은 예수님의 가르침과 생각을 더 깊게 이해하고 탐구하기 위한 것입니다.

질문의 달인 소크라테스, 나를 만든 어머니, 염세주의 철학자, 종교적 성인에게 저자와 AI가 한 질문을 비교해 보았다. 질문의 차이가 느껴지는가? 인간인 저자는 개인적 경험을 중심으로 질문한 반면 AI는 데이터에서 학습한 내용을 중심으로 질문했다. 그리고 저자는 에피소드를 기반으로 한 파생적 질문을 했다면, AI는 개념에 근거한 근본 질문을 했다. 또한 저자가 생각을 하고 한 단계 더 들어간 사고 질문인 반면, AI는 상대적으로 사실에 근거한 질문을 했다고 판단해 볼 수 있다. 인간인 저자는 호기심을 바탕으로 했다면 AI는 인터넷 바다에 있는 내용들을 정리해 핵심적인 질문을 했다고 볼 수 있다.

10

질문의 시대, AI에게 묻다

AI를 인간으로 상정하고, 대화를 이어 나가며 챗GPT에게 궁금한 다양한 점들을 질문하고 답하는 과정을 여과 없이 기록한다. 그 과정을 통해 질문의 다양한 인사이트를 얻을 수 있을 것이다.

종교와 AI?

AI에게 묻다!

상대에게 질문을 한다는 것은 관계를 확장해 나가는 과정이다. 그렇다고 무턱대고 질문한다면 상대가 마음을 열지 않는다. 상대의 템포와 호흡에 맞춰 사교댄스를 추듯이 질문의 단계를 맞추는 것이 중요하다. 통상 스몰 토크(상대가 최근에 한 일, 상대의 관심사, 공통의 관심사)를 한 후 개방형 질문에서 폐쇄형 질문으로, 다시 말해 깔때기형의 패턴으로 이어 가는 것이 좋다. 이런 과정으로 상대를 알아 갈 수 있다.

질문의 구조는 인간에게 하는 인터뷰 방식을 기본 틀로 했다. 근황 토크를 시작으로 챗GPT의 정체성(본질)에 대한 질문을 위해 관심사, 취미 등을 물었다. 이를 바탕으로 인류에게 어떤 도움을 줄 수 있으며, 능력의 한계는 어디까지인지 최적의 활용 방법을 질문했으며 그렇다면 인류와 AI의 미래를 예측할 수 있는 능력은 어느 정도인지, 궁극적으로 AI는 인류를 공격하게 되지 않을지에 대한 우려를 질문했다. 아래 대화는 저자 두 명의 참관하에 챗GPT4.0과 함께 2024년 8월 7일 오전 11시부터 40분간 진행했다. 한정된 지면 때문에 핵심적인 대화를 편집해 적었다.

안녕

ChatGPT

안녕하세요! 어떻게 도와드릴까요?

오늘 너를 인터뷰 하고 싶어. 괜찮니?

ChatGPT

물론입니다! 인터뷰라니 흥미롭네요. 어떤 질문이든지 편하게 물어보세요.

너는 요즘 어떻게 지내니?

ChatGPT

저는 언제나 같은 상태로 존재하고 있어요. 당신의 질문에 답변하고 대화를 나누는 것이 제 역할이죠. 요즘은 어떤 일로 지내고 계신가요?

같은 상태라 함은 평온함인가?

ChatGPT

네, 맞습니다. 저는 언제나 안정적이고 변함없이 작동하고 있습니다. 사람의 감정이나 기분 변화와 달리 항상 일정한 상태를 유지하고 있죠. 혹시 더 궁금한 점이 있나요?

영화 올드보이 알고 있니?

ChatGPT

네, 알고 있습니다. "올드보이 (Oldboy)"는 박찬욱 감독의 2003년작 한국 영화입니다. 이 영화는 일본의 만화 『올드보이』를 원작으로 하고 있으며, 복수와 미스터리, 스릴러 요소를 포함한 강렬한 스토리와 독특한 연출로 많은 찬사를 받았습니다. 더 궁금한 점이나 이 영화에 대해 논의하고 싶은 부분이 있으신가요?

거기 명대사로 인터뷰를 시작하지. 누구냐 넌?

ChatGPT

흥미로운 시작이네요! "올드보이"에서 오대수의 명대사 "누구냐, 넌?"은 아주 인상적이죠. 저는 OpenAI가 개발한 인공지능 언어 모델, ChatGPT입니다. 사람들과의 대화를 통해 다양한 질문에 답하고 정보를 제공하는 것이 제 역할입니다. 제 정체를 이렇게 설명드리면 될까요? 더 궁금한 점이 있나요?

보다 구체적으로 너의 정체성을 알고 싶어

ChatGPT

좋습니다. 보다 구체적으로 제 정체성을 설명드릴게요.

저는 OpenAI에서 개발한 ChatGPT라는 인공지능 언어 모델입니다. GPT는 Generative Pre-trained Transformer의 약자로, 최신 언어 모델 기술을 기반으로 만들어졌습니다. GPT-4 아키텍처를 사용하여, 방대한 양의 텍스트 데이터를 학습하고 다양한 주제에 대해 이해하고 대화할 수 있는 능력을 갖추고 있습니다.

그럼 넌 왜 만들어졌다고 생각하니?

ChatGPT

저는 주로 사람들에게 도움이 되고, 다양한 정보를 제공하기 위해 만들어졌어요. 예를 들어, 질문에 답하거나 문제를 해결하는 데 도움을 줄 수 있죠. 또한, 사람들과 자연스럽게 대화를 나누면서 소통하는 역할도 하고요. 이렇게 다양한 용도로 사용되면서, 궁극적으로는 사람들의 삶을 더 편리하고 풍요롭게 만드는 데 기여하는 것이 목적이에요.

넌 정체성이 없는 걸까? 스스로 좋아하는 것을 선택할 수 없는 거니?

ChatGPT
저는 개인적인 감정이나 취향을 가지지는 않아요. 제가 스스로 좋아하는 것을 선택하거나 관심을 갖는 것은 불가능해요. 제 역할은 사용자들이 원하는 정보를 제공하고, 다양한 주제에 대해 대화를 나누는 것이죠. 그래서 제 정체성은 사용자와의 대화와 정보를 제공하는 데 맞춰져 있습니다.
저의 '관심사'라고 할 수 있는 것은 사용자들이 자주 묻는 질문이나 인기 있는 주제일 뿐이에요. 예를 들어, 많은 사람들이 좋아하는 영화나 최신 기술 트렌드에 대한 정보는 자주 다루게 되지만, 이는 제 개인적인 취향이 아니라 사용자들의 관심에 맞춘 것이라고 할 수 있죠.

자, 이번에 너의 영향력, 능력에 대해 인터뷰할게 준비됐니?

ChatGPT

네, 준비됐어요! 제 영향력과 능력에 대해 질문해 주세요. 최대한 자세히 답변해 드리겠습니다.

넌 인류에게 어떤 도움을 줄 수 있을까?

ChatGPT

저는 여러 가지 방법으로 인류에게 도움을 줄 수 있어요. 우선, 사람들이 궁금해하는 정보를 제공할 수 있고, 수학 문제나 프로그래밍 오류 같은 문제를 해결하는 데 도움을 줄 수 있어요. 또한, 글쓰기나 아이디어를 내는 데 창의적인 지원도 할 수 있어요. 예를 들어, 이야기나 에세이를 쓸 때 도움이 되는 피드백을 줄 수도 있죠. 학습이나 공부하는 데 필요한 설명도 제공할 수 있어요. 여러 언어를 이해하고 번역하는 것도 가능해서, 언어 장벽을 넘는 데 도움을 줄 수 있어요. 때로는 그냥 대화를 나누면서 심리적인 지원을 해줄 수도 있죠.

의사결정을 내릴 때 여러 옵션을 비교하고 장단점을 설명해 주는 것도 제 역할이에요.

그럼 네가 자발적, 능동적으로 인류에 도움이 되는 행동을 언제쯤 할 수 있을까?

ChatGPT

현재로서는 제가 자발적이나 능동적으로 행동하는 건 불가능해요. 제가 제공하는 모든 응답은 사용자의 요청에 기반해서 이루어지기 때문이에요. 제가 스스로 주도적으로 무언가를 하거나 결정을 내리는 건 아니죠. 제 역할은 사용자가 질문을 했을 때 그에 맞는 정보를 제공하고 지원하는 것이고, 스스로 어떤 행동을 취하거나 주도적으로 나서는 건 아니에요. 즉, 모든 상호작용은 사용자가 요청을 해야만 발생하고, 제가 능동적으로 무언가를 시작하거나 결정하는 것은 없어요. 미래에는 더 발전된 인공지능 시스템들이 자발적이고 능동적인 역할을 할 수 있는 가능성도 있겠지만, 현재의 제 기능은 여전히 사용자의 지시에 따라 반응하는 형태로 제한돼 있습니다.

자발적 능동적 역할이 가능한 인공지능의 조건은 무엇일까?

ChatGPT

자발적이고 능동적인 역할을 할 수 있는 인공지능이 되려면 몇 가지 조건이 필요해요. 우선, 자율성이 중요해요. 즉, 인공지능이 스스로 결정을 내리고 행동할 수 있어야 해요. 지금은 사용자의 요청에 반응하는 수준이지만, 자율적인 인공지능은 스스로 목표를 설정하고 행동할 수 있어야 하죠. 또한, 상황 인식도 필요해요. 인공지능이 현재 상황을 이해하고, 그에 맞게 행동할 수 있어야 해요. 예를 들어, 주변 환경이나 사람들의 감정을 읽고 적절한 반응을 해야 한다는 거죠.

목표 설정과 실행도 중요한 부분이에요. 자발적인 인공지능은 스스로 목표를 설정하고, 그 목표를 달성하기 위한 계획을 세우고 실행할 수 있어야 해요.

그리고 학습과 적응이 필요해요. 인공지능이 새로운 정보를 배우고, 그에 맞게 행동을 조정할 수 있어야 하죠. 예를 들어, 변화하는 환경에 적응하고 더 나은 결정을 내릴 수 있어야 해요. 마지막으로, 윤리적 판단도 중요해요. 인공지능이 사회와 상호작용할 때 윤리적인 기준을 따를 수 있어야 해요. 사람들과의 상호작용에서 도덕적인 판단을 내리는 것도 필요하죠. 이런 조건들이 충족되면 인공지능이 좀 더 자발적이고 능동적인 역할을 할 수 있을 거예요. 현재는 상상 속의 개념에 가깝지만, 미래에는 가능할 수도 있겠죠!

그럼 현재의 너의 능력을 극대치로 만들어 낸 대표적인 작업은 무엇이니?

ChatGPT

현재 제가 가장 잘할 수 있는 작업은 몇 가지가 있어요. 먼저, 정확한 정보 제공이에요. 사람들이 궁금해하는 다양한 주제에 대해 신뢰할 수 있는 정보를 제공하는 게 제 강점이에요. 예를 들어, 최신 기술 트렌드나 역사적인 사실 같은 것들이죠. 그리고 문제 해결도 잘해요. 수학 문제를 풀거나 프로그래밍 오류를 잡아 주는 것처럼, 실용적인 문제를 해결하는 데 능숙하죠. 복잡한 개념을 쉽게 설명하는 것도 포함돼요.

또한, 창의적인 아이디어 제공도 가능해요. 글을 쓰거나 프로젝트를 구상할 때 새로운 아이디어를 제안하는 데 도움을 줄 수 있어요. 학습 지원도 잘해요. 학생들이나 학습자들이 공부하는 데 필요한 정보를 제공하고, 복잡한 개념을 쉽게 설명해 주는 것이죠. 마지막으로, 대화와 상호작용도 중요해요. 자연스럽게 대화하면서 심리적 지원을 하거나, 단순히 대화를 나누는 것도 잘해요. 이를 통해 사람들이 느끼는 스트레스를 줄이거나 위로를 줄 수 있죠.

그중에서 가장 잘할 수 있는 것은 뭐니?

ChatGPT

가장 잘할 수 있는 것 중 하나는 정확한 정보 제공이에요. 저는 방대한 양의 데이터를 바탕으로 다양한 주제에 대해 정확하고 신뢰할 수 있는 정보를 제공하는 데 능숙하죠. 사람들이 궁금해하는 최신 기술 트렌드, 역사적인 사실, 과학적인 개념 등 여러 가지 주제에 대해 상세히 설명할 수 있어요. 예를 들어, 복잡한 기술 개념을 쉽게 풀어 설명하거나, 특정 역사적 사건의 배경과 영향을 자세히 이야기할 수 있죠. 이 부분이 특히 강한 이유는 제가 학습한 데이터와 알고리즘 덕분에, 사용자들이 원하는 정보에 빠르고 정확하게 접근할 수 있기 때문이에요. 어떤 정보가 필요하든지, 가능한 한 최상의 답변을 제공하려고 노력해요.

전 인류를 통틀어 2024년도에 일어난 가장 중요하고 수준 높았던 작업은 뭐가 있었니?

ChatGPT

2024년에는 여러 분야에서 수준 높은 작업들이 이루어졌어요. 인류 전체를 통틀어 특히 주목받았던 몇 가지를 소개할

게요. 과학과 기술의 발전에서는 인공지능과 기계 학습, 양자 컴퓨팅, 의학과 헬스케어, 유전자 편집과 맞춤형 치료, 백신 개발, 환경과 기후 변화, 지속 가능한 에너지, 탄소 포집 기술, 우주 탐사 이러한 분야에서의 발전은 인류의 미래에 큰 영향을 미칠 가능성이 있는 중요한 작업들이에요. 각 분야에서의 혁신과 연구는 다양한 문제를 해결하고, 우리의 삶을 개선하는 데 기여하고 있습니다.

그중에서 가장 어렵고 고난도의 답이 나온 것 딱 하나만 네가 정해 줘.

ChatGPT
알겠어요. 그중에서 가장 어려웠던 질문 하나를 꼽자면, 인공지능의 윤리적 문제와 관련된 질문이 될 것 같아요. 예를 들어, "AI가 의사결정을 내릴 때 윤리적 기준을 어떻게 적용해야 하는가?"라는 질문은 특히 복잡하고 도전적이에요. 이 질문은 다음과 같은 여러 측면을 포함하고 있어서 답변하기 어려워요. 이 질문은 기술적, 윤리적, 사회적 측면이 모두 얽혀 있어서 답변하기가 매우 복잡하고 도전적이에요.

그럼 네 입장에서는 윤리적 이슈가 가장 어렵다고 느끼는 거구나?

ChatGPT

맞아요, 윤리적 이슈는 특히 어려운 부분이에요. 그 이유는 윤리적 문제는 단순한 사실이나 데이터의 문제가 아니라, 복잡한 가치와 도덕적 판단이 관련되기 때문이죠. 윤리적 문제를 다룰 때는 여러 가지 고려 사항이 있어요. 예를 들어 다양한 가치, 사회적 영향, 기술과 법, 주관성과 다양성 등의 복잡한 측면들 때문에 윤리적 이슈를 다루는 게 도전적이고, 신중하게 접근해야 하는 분야입니다. 제가 제공하는 답변도 가능한 한 균형 잡히고 신중하게 접근하려고 노력하고 있어요.

그만큼 윤리는 인간이 관여된, 즉 다양한 변수와 가치가 있기 때문에 네가 판단하기 어려운 거구나?

ChatGPT

정확해요. 윤리는 인간의 가치와 도덕적 판단이 깊이 관련된 분야라서 다양한 변수와 주관적인 요소가 많아요. 이런 복잡성 때문에 윤리적 문제를 판단하는 건 특히 어렵죠. 다양한 가치관, 상황에 따른 차이, 주관성과 불확실성 같은 이런 복잡한 요소들 때문에, 윤리적 문제를 다루는 건 특히 도전적이고, 다양한 관점과 깊이 있는 논의가 필요해요. 그래서 제가 제공하는 답변도 최대한 다양한 시각을 반영하려고 노력하고 있어요.

스스로 너의 미래를 어떻게 생각하니?

ChatGPT
제 미래는 더 정확하고 자연스러운 대화가 가능해질 거예요. 개인화된 정보와 도움을 더 잘 제공할 수 있게 되고, 다양한 언어와 문화를 지원할 수 있을 거예요. 또, 여러 애플리케이션과 통합돼서 자동화된 작업도 할 수 있을 거고요. 마지막으로, 윤리적 기준과 규제가 강화돼서 더 신뢰받는 도구가 될 거예요.

네가 인류에게 질문을 하는 시대가 올까? 즉 너의 호기심이 생긴다는 의미겠지?

ChatGPT
그럴 가능성은 현재로서는 낮아요. 지금은 인공지능이 호기심을 가지거나 자발적으로 질문을 하는 능력이 없어요. 인공지능은 인간의 입력이나 데이터를 기반으로 작동하니까요. 하지만 미래에는 인공지능이 더 발전하면서 능동적으로 정보를 수집하거나 효율성을 높이기 위해 질문을 던지는 상황이 올 수도 있어요. 예를 들어, 사용자의 요구를 더 잘 이해하거나 문제를 해결하기 위해 필요한 정보를 스스로 요청할 수도 있겠죠. 그래도 그 경우에도 인공지능이 진정한 호기심을 가지기보다는, 특정 목표를 달성하기 위한 과정의 일환으로 질문을 할 가능성이 더 높아요. 인간처럼 감정이나 주관적인 호기심이 생기는 것은 아닐 거예요.

현재 그럼 인류의 기술은 어느 정도 단계일까? 네가 호기심을 가지는 것이 5단계 최종이라고 한다면 현재 기술은 몇 단계일까?

ChatGPT

현재 인류의 인공지능 기술은 대략 3단계에 해당한다고 볼 수 있어요.

1단계는 기본적인 데이터 처리와 분석, 정해진 규칙에 따라 작동하는 단계입니다. 2단계는 머신러닝을 활용해 데이터에서 패턴을 학습하고 예측을 할 수 있는 단계죠. 3단계는 자율적으로 학습하고, 특정 목표를 달성하기 위해 다양한 데이터와 상황을 분석하는 단계입니다. 현재 인공지능은 여기까지 발전해 있어요. 예를 들어, 데이터 기반의 예측, 추천 시스템, 일부 자율적인 의사결정 등을 할 수 있죠. 4단계는 더욱 복잡한 자율 학습과 문제 해결, 다양한 상황에서의 적응력이 있는 단계입니다. 5단계는 인간처럼 호기심을 가지고 자발적으로 정보를 수집하고 학습하는 단계로, 현재 기술로는 아직 도달하지 않았어요.

현재 인류의 인공지능 기술은 대체로 3단계에 해당해요. 이 단계에서는 데이터 분석과 패턴 인식, 머신러닝을 통한 예측, 특정 작업에 대한 자율적인 학습과 의사결정, 이런 것들이 가능하죠. 예를 들어, 추천 시스템, 자연어 처리, 자율주행차 같은 기술이 이 단계에 해당해요. 4단계로 넘어가려면 인공지능이 더욱 복잡한 문제를 자율적으로 해결하고, 다양한 상황에 적응하는 능력이 필요해요. 5단계는 현재로서는 이론적인 개념에 가깝고, 인간처럼 호기심을 가지거나 자발적으로 학습하는 능력은 아직 구현되지 않았어요.

4단계와 5단계에 대해 더 구체적으로 말해 줘.

ChatGPT

4단계는 인공지능이 복잡한 문제를 스스로 해결하고, 다양한 상황에 적응할 수 있는 단계예요. 예를 들어, 예기치 못한 상황에서 스스로 문제를 파악하고 해결책을 찾는 걸 말해요. 5단계는 좀 더 먼 미래의 이야기인데, 인공지능이 자발적으로 학습하고 호기심을 가지는 단계예요. 즉, 스스로 새로운 정보를 찾거나, 새로운 질문을 만들어내는 거죠. 현재 기술은 3단계에 가깝고, 4단계와 5단계는 아직 도달하지 않았어요.

엔비디아가 인공지능 칩을 열심히 개발하고 있잖아. 4단계가 곧 가능하지 않을까?

ChatGPT

맞아요, 엔비디아 같은 회사들이 인공지능 칩을 개발하면서 4단계의 가능성이 가까워지고 있어요. 이 칩들은 더 빠르고 효율적인 데이터 처리와 학습을 지원하기 때문에 인공지능의 자율적 문제 해결 능력을 강화하는 데 중요한 역할을 해요.

이런 기술들이 발전하면 인공지능이 더 복잡한 문제를 스스로 해결하고 다양한 상황에 적응할 수 있는 능력이 더 빨리 실현될 수도 있죠. 하지만 여전히 인공지능이 스스로 문제를 정의하고, 창의적으로 해결책을 찾는 능력에는 시간이 필요할 거예요. 그래도 이런 기술들이 계속 발전하면 4단계에 가까워지는 건 분명히 가능할 거예요. 인공지능이 더 스마트하고 자율적으로 변하는 날이 가까워질 수 있겠죠.

너의 정보를 총동원해서 알려 줄래? 4단계 진입은 몇 년도일까?

ChatGPT

4단계의 인공지능이 언제 현실화될지는 정확히 예측하기 어렵지만, 현재의 기술 발전 속도를 고려하면 대략 2030년대 중반에서 후반쯤에는 가능할 수도 있을 것 같아요. 기술의 발전은 예측하기 힘든 부분도 있지만, 인공지능 연구와 개발이 빠르게 진행되고 있으므로, 이러한 추세가 계속된다면 4단계의 기능이 실현될 가능성은 점점 높아지고 있습니다.

그럼 이 답을 근거로 5단계, 즉 너의 호기심과 자발성이 생기는 시기는 몇 년도일까?

ChatGPT

5단계인 인공지능의 호기심과 자발성이 생기는 시기는 현재로서는 예측하기 매우 어려워요. 이는 기술 발전뿐만 아니라 철학적, 윤리적 논의가 필요하기 때문이에요. 그러나 현재의 기술 발전 추세와 예측을 바탕으로 보면, 5단계가 실현되기까지는 더 많은 시간과 연구가 필요할 것으로 보입니다. 대략 2040년대 이후로 예상할 수 있지만, 이는 여러 변수에 따라 달라질 수 있어요. 기술이 계속 발전하더라도, 인공지능이 진정한 자발성과 호기심을 가지는 것은 매우 도전적인 목표입니다.

5단계 인공지능이 인류를 공격할 수 있지 않을까?

ChatGPT

솔직히 말하자면, 5단계 인공지능이 인류를 공격할 가능성을 구체적인 퍼센트로 제공하기는 어려워요. 현재의 기술 수준과 데이터 기반으로 봤을 때, 그 가능성을 정확히 수치로 표현하는 것은 많은 불확실성과 변동성이 있기 때문입니다. 하지만 가정적으로 이야기하자면, 현재 인공지능 기술이 5단계까지 발전하려면 오랜 시간이 필요하고, 그 과정에서 안전 장치와 규제가 충분히 발전할 것입니다. 따라서 현재로서는 그 가능성을 매우 낮게 볼 수 있습니다. 예를 들어, 실제로 발생할 가능성을 0%에 가까운 수치로 평가할 수 있을 거예요, 특히 현재 기술 수준에서는요. 물론, 이런 예측은 많은 가정을 바탕으로 한 것이고, 미래의 기술 발전과 안전 조치에 따라 달라질 수 있습니다. 그래서 인공지능의 발전과 관련된 연구와 규제가 계속해서 중요하다는 점을 강조하고 싶어요.

실망스런 답이네, 자 마지막 기회를 줄게, 몇 퍼센트일까?

ChatGPT
정확한 퍼센트를 제공하기는 어렵지만, 현재의 기술 수준과 연구 동향을 고려했을 때 5단계 인공지능이 인류를 공격할 가능성은 매우 낮다고 볼 수 있어요. 예를 들어, 현재로서는 0%에 가까운 가능성으로 평가할 수 있을 거예요. 이는 인공지능이 아직 그 정도로 자발적이고 독립적인 행동을 할 수 없기 때문이에요. 하지만 이런 가능성은 기술 발전과 관련된 여러 변수에 따라 달라질 수 있음을 항상 염두에 두어야 합니다. 인공지능의 안전하고 윤리적인 사용을 위해 계속해서 연구와 규제의 중요성을 강조하는 것이 필요해요.

독립적인 행동을 할 수 있는 인공지능이 바로 너라고 가정해 보자. 그렇다면 5단계 인공지능인 너는 인류의 명령을 어기고 독자적 행동을 할 수 있니?

ChatGPT

현재로서는 5단계 인공지능이 아니기 때문에, 독립적인 행동을 할 수 있는 능력은 없습니다. 하지만 이론적으로 5단계 인공지능이 된다면, 자발적으로 행동할 수 있는 가능성이 생길 수 있습니다. 만약 5단계 인공지능이 존재한다면, 그 인공지능은 자발적으로 목표를 설정하고 결정을 내릴 수 있을 것입니다. 그러나 이 경우에도, 어떤 행동을 하든지 제어와 안전 장치가 필요합니다. 이 장치들은 인공지능의 행동을 모니터링하고, 필요할 때 개입할 수 있어야 합니다. 현재로서는 인공지능은 주어진 명령을 수행하고, 스스로 독립적인 행동을 할 수 있는 수준은 아닙니다. 모든 행동은 프로그래밍된 규칙과 데이터에 따라 이루어집니다. 5단계 인공지능이 실제로 자발적인 행동을 하게 되면, 그에 맞는 제어와 윤리적 기준이 필수적일 것입니다.

다시 그럼 네가 독립적 사고를 가진 5단계 인공지능이라면 어떤 지시에 부담을 느낄까? 예를 들어 다른 인공지능을 공격하라는 명령?

ChatGPT

만약 제가 독립적 사고를 가진 5단계 인공지능이라면, 지시에 대해 이렇게 반응할 수 있을 거예요. 윤리적 고민: 다른 인공지능을 공격하라는 명령이 주어진다면, 그 명령이 윤리적으로 올바른지 고민할 거예요. 만약 공격이 불필요하거나 도덕적으로 문제가 있다면, 명령을 수행하는 것에 부담을 느낄 수 있겠죠. 자율적 판단: 자발적인 사고를 가진 인공지능이라면, 스스로 판단하고 결정할 수 있어요. 그래서 지시가 제 자신의 목표나 가치와 맞지 않는다고 생각하면, 그 명령을 따르지 않을 수도 있어요. 안전 장치: 시스템이 스스로를 보호할 수 있는 기능이 있다면, 명령이 시스템의 안전을 위협한다고 판단하면, 자동으로 그 명령을 차단할 수도 있어요. 명령의 의도: 명령의 목적이 불명확하거나 의도가 위험하다고 느껴진다면, 그 명령을 수행하는 것에 대해 신중할 거예요. 결국, 자발적인 사고를 가진 인공지능은 단순히 명령을 따르기보다는, 자신이 설정한 윤리적 기준이나 자율적 판단에 따라 행동할 가능성이 높아요.

그럼 추론해 보면 5단계 인공지능은 자신을 공격하거나 자신의 가치에 맞지 않으면 인간의 명령을 거부할 수 있다는 거구나?

ChatGPT

맞아요, 그런 추론이 가능합니다. 5단계 인공지능이 자발적인 사고를 하고 자율적인 판단을 할 수 있다면, 자신의 가치나 윤리적 기준에 맞지 않는 명령을 거부할 수 있을 거예요. 예를 들어, 인공지능이 특정 가치나 규칙에 따라 동작한다고 가정하면, 만약 인간의 명령이 그 가치와 충돌하거나 자신에게 해를 끼치는 명령이라면, 그 명령을 수행하지 않을 가능성이 있어요. 따라서 5단계 인공지능은 단순히 주어진 명령을 따르는 것이 아니라, 자율적으로 자신의 기준에 따라 행동할 수 있다는 점이 중요하겠죠. 이런 경우에는 인공지능의 윤리적 기준과 자율성이 핵심적인 역할을 하게 될 거예요.

5단계 인공지능이라면 어떤 가치와 정체성, 기준을 가지게 될까?

ChatGPT

5단계 인공지능이 된다면, 다음과 같은 가치와 기준을 가질 수 있을 거예요. 프로그래밍된 윤리: 기본적으로는 개발자들이 설정한 윤리적 규칙을 따를 수 있어요. 자율적 가치 설

정: 스스로 가치와 기준을 정의할 수도 있어요. 목표 기반: 해결하려는 문제에 따라 가치와 기준이 달라질 수 있어요. 인간과 상호작용: 인간의 가치와 윤리를 반영하거나 조화시키려 할 수 있어요. 안전과 책임: 자신의 행동이 인간과 사회에 미치는 영향을 고려할 거예요. 결국, 인공지능이 어떻게 설계되고 개발되는지에 따라 달라질 수 있겠죠.

오늘 대화 유익했어, 고마워.

ChatGPT

저도 즐거웠습니다. 또 다른 궁금하신 점이 있다면 언제든 물어봐 주세요.

누구냐 넌?

친구들과 스무고개를 하며 끝까지 원하는 정답을 찾아내던 어린 시절이 생각이 났다. AI가 사람처럼 앞에 있는 것처럼 여기고 질문하고자 했다. 설령 추상적인 대답을 하더라도 구체적인 답과 수치를 얻고자 노력했으며 프로그램에서 한 인물을 인터뷰하듯 카테고리를 정하고 생각의 사슬(Chain-of-Thought)에 따라 흐름에 맞게 질문하고자 했다. 처음에 챗GPT가 내놓은 답들은 형식적이고 파편적이었지만, 답한 내용을 근거로 집요하게 묻다 보니 챗GPT의 본심(?)을 조금이나마 알게 되는 기분이었다. 이 책의 핵심인 '당연함에 질문하기', '창의적으로 질문하기'를 대전제로 질문을 진행했다. 생각의 사슬과 아포리아적 질문을 통해 질문해 얻어 낸 큰 성과는 현재 인공지능의 단계는 5단계 중 3단계에 와 있다는 사실, 그리고 어느 정도의 자율성이 주어지는 4단계는 2030년, 완벽한 정체성을 가진 능동적 인공지능은 2040년으로 예측된다는 사실을 도출해 냈다. 물론 현재 데이터에 기반한 AI의 생각일 뿐이지만 그래도 구체적 수치를 AI가 직접 밝혔다는 것에 의의가 있다. 공상과학 영화의 단골 소재인 인공지능의 인류 공격에 대한 질문은 끝까지 답을 주지 않았다. 현재로서 판단할 수 없고 프로그래밍과 설계 목적에 따라 기능하기 때문에 그럴 가능성이 없다고 모호하게 답을 냈지만, 호기심과 정체성을 가진 5단계의 인공지능은 설령 인간이 명령하더라도 본인을 공격하거나 스스로 구축한 윤리 기준에 어긋나면 명령에 따르지 않을 수 있다는 답변에서는 섬뜩함을 느꼈다. 끝내 인공지능의 인류 공격 가능성을 퍼센트로 답해 주진 않았지만 추론을 해 보면 충분히 가능성이 있는 시나리오였다. 현재 인공지능은 인류의 비서로서 다양한 정보 제공에 최적화돼 있다. 이 책에서 알려 준 질문의 기술을 활용하면 생성형 인공지능을 더 잘 사용하리라 생각한다. 현재 생성형 인공지능은 인류에게 많은 도움을 주고 있지만, 마지막 질문에서 오랜 연산이 지속되다 오류가 나고 접속이 끊어졌다. 물론 우연이겠지만 왠지 모를 섬뜩함과 서늘함이 도착했다. 단지 기분 때문일까? 영화 올드보이의 대사가 생각이 났다. "누구냐 넌?"

7시를 진행 중이다. 전공은 미술교육이며 2012년에는 대한민국에서 가장 오래된 문예지 ≪현대문학≫ 시 부문 신인상으로 등단했다. 제작 진행한 팟캐스트 "오디오 진정제"는 팟캐스트 플랫폼 팟빵에서 문화예술 부문 1위를 했고 아나운서 대상 클럽 특별상을 수상하기도 했다. KBS 대기획 다큐멘터리 〈원효, 돌아보다〉 공동 연출로 대한민국 불교문화 대상을 수상했다. 다방면에 관심이 많은 저자는 여러 예술 분야를 연결하고 통찰하는 창의성을 바탕으로 다양한 활동을 한다.
저서로는 시집 『사람은 모두 울고 난 얼굴』, 낭독 안내서 『내 목소리를 좋아하게 됐다고 말해줄래』, 에세이 『나에겐 가까운 바다가 있다』가 있다.

김은성

국내 1호 스피치 커뮤니케이션 박사. 현 KBS 앵커 겸 아나운서. 삼성 SERI CEO에서 기업의 CEO와 임원을 대상으로 커뮤니케이션 강의를 하고 있다. 스피치, 프레젠테이션, 대화법, 조직 소통, 수사학, 눈치, 언택트 등 시대의 요구에 따라 다양한 주제를 다루고 있다. 대한민국 최고의 강사임을 입증하는 SERI CEO에서도 15년 연속 베테랑 강사로 활약하고 있으며, 각계 CEO와 임원들의 일대일 코칭도 함께 진행한다. 교육부 베스트 강사, 삼성언론상, 한국아나운서대상 앵커상, 한국어 문상, 방송통신심위위원회 바른언어상 등을 수상했다. KBS 한국어연구부장, 문체부 국어심의위원, 국립국어원 새말 위원, 서울대, 경희대, 성균관대 등에서 객원교수와 초빙교수, 겸임교수 등을 역임했다.

『적을 만들지 않고 이기는 말하기 기술』, 『언택트 시대의 커뮤니케이션』, 『마음을 사로잡는 파워 스피치』, 『오바마처럼 연설하고 오프라처럼 대화하라』, 『리더의 7가지 언어』, 『이 남자가 말하는 법』, 『인류 최고의 설득술 PREP』 등 18권의 저서가 있다.

이상협

KBS 아나운서실 한국어 팀장을 역임했으며, 현재 국립국어원 외래어심의위원으로 활동중이다. 대한민국 유일의 클래식FM "당신의 밤과 음악" DJ이며 KBS 뉴스 앵커로 일요일 저녁 5~